九州の東の端から西の果てまで

里山遠足

目次

大分県
1
鶴御崎
地松浦
佐伯
2
小半鍾乳洞
虫月
3
奥畑入口
4
原尻の滝
竹田
5
笹倉
波野
6
宮地
大観峰
7
立門入口
篠倉

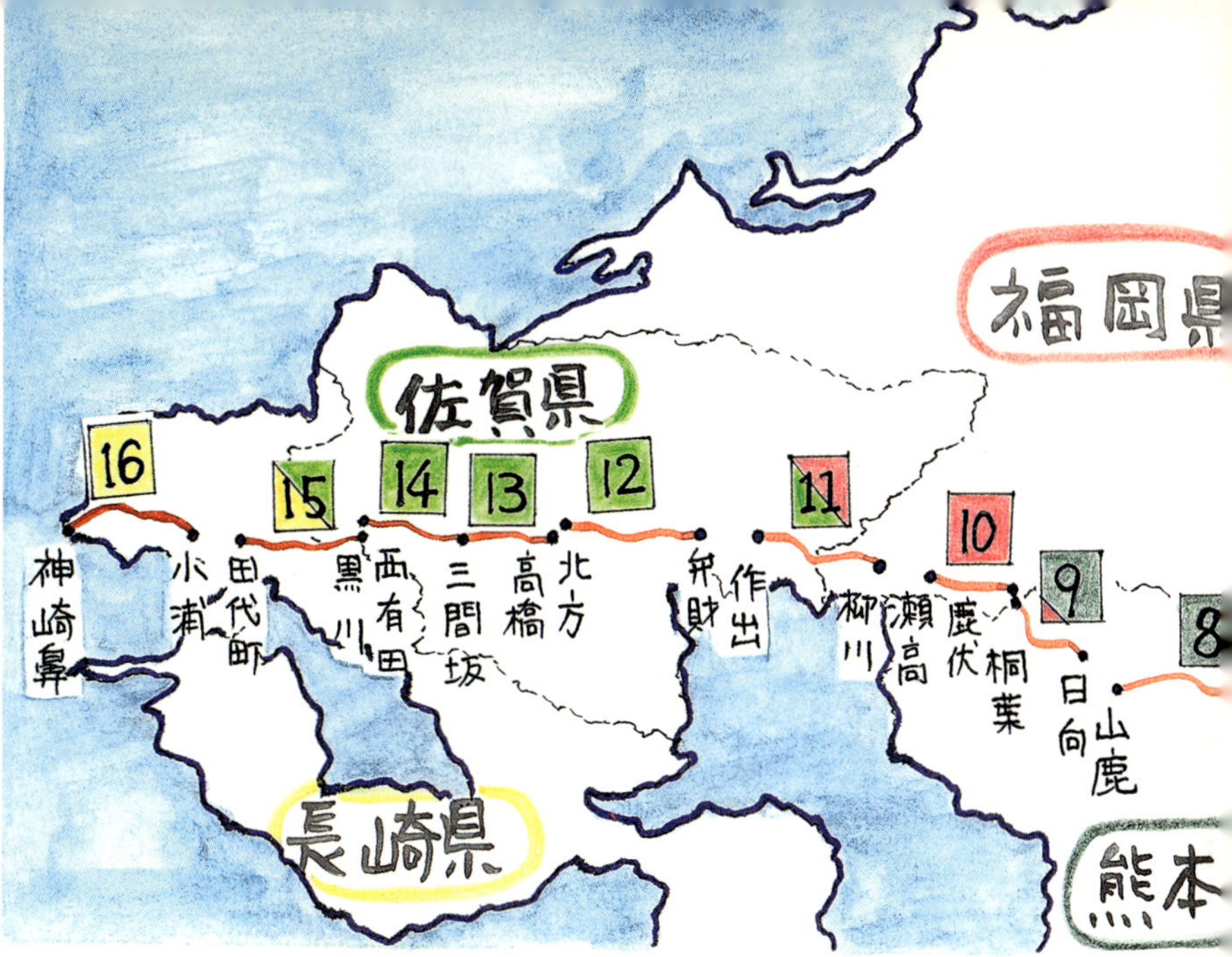
福岡県
佐賀県
長崎県
熊本
16
15
14
13
12
11
10
9
8
神崎鼻
小浦
田代町
黒川
西有田
三間坂
高橋
北方
弁財
作出
柳川
瀬高
鹿伏
桐葉
日向
山鹿

凡例

・最東端の大分県南海部郡鶴見町鶴御崎（東経一三二度五分）から、最西端の長崎県北松浦郡小佐々町神崎鼻（東経一二九度三三分）まで、九州本土の最長を徒歩で横断しました。海縁をたどり、山懐に入り込み、高原を突っ切り、川辺に沿い、平野を横切り、人の暮らす里を道で結んで遙々西を目指します。

・年の初めに鶴御崎を出発して、その年の暮れに神崎鼻に到着、変化に富んだ九州の四季を一年を通して足で追いかけます。

・現地までの移動に公共交通機関を利用したので、起点と終点は最寄りの駅、またはバス停とし、一区間平均一八キロの十六行程に分割しています。現地までの交通手段の起点は、ＪＲ博多駅と西鉄天神大牟田線天神駅の二カ所です。

・歩く速度はほんの少し道草も含め、一キロおよそ二十分を目安にしています。

・絵地図では歩いた道筋を朱色で示し、土径は点線、舗装道路は実線で区別しました。迷いやすい分れ道はできるだけ枝道まで描き入れています。全体が捉えやすいように縮小したので、それぞれの絵地図は等縮ではありません。

・本書を携帯すれば遠足が実現できるように細心の注意を払いました。

・一行程ずつの活用はもちろんですが、連休に宿泊しながら二、三行程を合せた利用、または体力と相談しながら分割利用しても愉しいのではないでしょうか。

本書を参考に歩かれた感想、新しい遠足の提案や情報を左記へお寄せください。

〒八一〇－〇〇七四　福岡市中央区大手門三丁目一番三号九〇一　里山遠足宛

九州の東の端から西の果てまで

里山遠足

1 鶴御崎 大分県南海部郡鶴見町－米水津村

太陽とともに九州最東端を出発

まず真夜中の海岸線のドライブ，
日が昇って前半は真っ青な海縁をたどり，
後半は半島の背骨に沿ったスカイラインを歩く。
漆黒のシルエットと白日のきらめき。
時を変え，目線を変えて，
ためつすがめつ豊後の海を堪能する。

ミュージアムパーク鶴御崎ゲート前⇨20分⇨鶴御崎灯台⇨10分⇨展望ブリッジ⇨10分⇨ゲート前⇨30分⇨下梶寄⇨120分⇨猿戸⇨200分（鶴見スカイライン）⇨役場前バス停（地松浦）＝およそ20キロ

昇る朝日とともに鶴御崎を出立

右 —— 東経132° 05′ 08″, 北緯32° 55′ 47″ の九州最東端の碑
左 —— 下梶寄の紺碧の海を背景に，かつての水ノ子島灯台守の退息所が見える

せっかく九州の最東端から歩き始めるのだから、そのまた東から昇ってくる太陽をなんとしても出迎えたい。となると夜行で先回りするか、現地に泊まって待ち伏せるか方法は二つ。ちょうどおあつらえ向きに、JR日豊本線に宮崎までのドリームにちりんが真夜中に走っている。迷った揚げ句、時間のゆとりを確保しようと羽出浦《はいでうら》に前泊する。前もって予約しておいたタクシーでミュージアムパーク鶴御崎のゲート前まで夜明け前のドライブ。門はもちろん閉まっている。

「戻っても早すぎてお客さんないし、いっしょに朝日を眺めようかなあ」とタクシー運転手の中村キミコさんが広い園内の道案内をかって出た。まだ無人の事務所前をすり抜け、ふれあい広場の横から左に山道を登ってパノラマ展望台へ。少しずつ曙色に染まり始めた空を背景に、中村さんの鶴見弁に耳を傾ける。

「朝焼けもいいわあ、けど、今頃やと夕方四時ぐらいに船がいっせいに漁に出よる。岬の展望台から眺めるとそれはきれいなんでえ。この半島を境に北と南では海が全然違う。いつもは米水津《よのうづ》の方が穏やか。年に何回か鶴見が穏やかな時は反対に荒れる。人もおんなじ、女の人なんかも激しいよお。ぐずぐずしとると跳ね飛ばされるわあ」

そのまま声で聞かせたいほど親しみのある口調。地元出身の漫画家、富永一朗さんにもひいきにしてもらってると打ち明けられた。六時半過ぎ、やがて空が黄金色に変化し、真正面から茜色の朝日がほんの少し顔を出す。見とれる中村さんを展望台に残し、ヤブツバキのトンネルを駆け足で抜けて突端の鶴御崎灯台まで急いだ。左横に回り込んで最東端の碑のある広場へ。まあるく太陽が昇ってわか

岬の赤岩が崩落して波に磨かれて丸くなった赤石を何個かおみやげに拾う

ったことだが、目の前には巨大な四国が横たわっていた。

明るくなって、東経や北緯を記した表示も確認した。最東端の碑から九州横断に向けて、いよいよ太陽とともに歩き始める。海を渡る清々しい大気を胸いっぱいに吸い込み、ヤブツバキが群れ咲く遊歩道を再び展望ブリッジへ。陽に照らされた眺めもすばらしい。冬なお常緑のツバキの原生林の中に白亜の灯台、その先はみはるかす真っ青な豊後水道、彼方に淡墨で描いたように四国がかすむ。思いがけない雄大な景色に気分は晴々。贅沢かなとちょっぴりためらったタクシー代が不思議と安く感じられる。

ミュージアムパーク開園の頃、ゲートに戻ると、準備に忙しい井上まち子さんがけげんな顔で出迎える。九州最東端に昇る朝日が見たくて夜明け前に入った旨を説明し、改めて入園料を支払った。

「場所がら元旦に初日の出を拝む人も多いんですよ。それにパーク内には世界のツバキが四百五十種類、千百本もあって、原生の赤いヤブツバキは冬が見頃だから。ここは海も美しいけど、野生の花々もかわいい」

道なりにツワブキやノジギクも咲いている。濃い緑の葉叢《はむら》に縁どられた真っ赤なヤブツバキの花もいいが、ツヤツヤの実をこぼれんばかりにつけたオオムラサキシキブも見事。紫式部の名に負けない紫色、暖地の海辺に生える落葉樹で葉が落ちた後まで実が残り、一般的なムラサキシキブより木も葉も実もひと回り大きい。青い海に抱かれるような心地で坂を下りていたら、ロバのパン屋の車が上って来た。途中に店はないからと別れ際に井上さんが注意したのを思い出す。車を

止めなければ昼食を食べそこなう。「ほんと景色いいし、皆待っててくれるから岬に売りに来るのは楽しみ」と大分市から通う好青年の甲斐賢三さん。振る手に応えて止まってくれた彼のお陰でおいしいパンを手に入れた。ただし、これも週に一回のラッキーチャンスだったとか。

海岸まで下りきった下梶寄《しもかじよせ》に海事資料館と渡り鳥館。二つは水ノ子島灯台守の退息所を明治三十六年当時のままに修復して公開する。館内には昔の灯台守の生活、地元の古い漁具、豊後水道を渡る途中で強い光に方向を見失って灯台に衝突死した渡り鳥たちを剥製にして展示。水ノ子島灯台は愛媛と大分の真ん中の孤島にあって、今は無人になったが、灯台守として川原忠武さんが勤務した昭和三十八年から二十二年間に収集したものだとか。まずは豊後水道を渡る鳥の多さに驚かされた。鳥の識別は遠足を愉しむための要素の一つ。百数十種、五百五十羽の剥製を前に、形や色、大きさ、特徴を観察し、習性をまとめたパネルに読みふける。

地蔵崎の向こうが元ノ間海峡、速い潮がぶつかって海面に段ができている。小さなトンネルをくぐって丹賀浦の漁港、対岸で赤鼻の断崖を波が洗う。そばまで寄ると

右 ── 灯台の輪郭からゆるゆると朝が明ける
下 ── 丹賀浦で青空をバックに純白の干しイカが風に揺れる
左 ── 延々と9キロほど続く鶴見スカイライン

鶴御崎＝つるみさき
鶴御崎はもともと地の人は御鼻と呼んでいた。半島の北側半分を占めるのが鶴見町，突端も米水津村と折半する。崎名を鶴御としたのは，もめた挙げ句の苦肉策とよそ者はみた。鶴御崎トンネルも同じ理屈か。読みはつるみで「鶴見の方がえらいわなあ」が結論。

国土地理院１／25000地形図＝鶴御崎，佐伯
現地への交通手段
行き☞ＪＲ博多駅日豊本線→佐伯駅，大分バス駅前→羽出浦，タクシーでミュージアムパーク鶴御崎のゲート前
帰り☞大分バス役場前（地松浦）→大手前経由→佐伯駅前，ＪＲ佐伯駅→博多駅
問い合わせ先
大分バス☎0972-22-1852，第一交通タクシー☎0972-22-2525，古戎旅館（羽出浦）☎0972-33-5012，海宿まるたん（丹賀浦）☎0972-34-8011，鶴見町役場産業振興課☎0972-33-1111，米水津村役場地域振興課観光係☎0972-35-6111

浜に丸い赤石。「盆前に皆で拾って墓を飾った」と聞き、先祖供養にいくつかもらう。波が打ち寄せるたびに小石をさらうガラガラという音が心地いい。

今度は長い広浦トンネルを抜け、山がくびれて一番低くなった猿戸の手前から左に上る。これまでは目線の高さの海縁だったが、ここから先半分は空の青を溶かしたような豊後の海を鳥瞰しながら脊梁の鶴見スカイラインを歩く。山といっても標高三〇〇メートル程度、舗装されているので距離はあってもたいして疲れない。

最初は雑木林にさえぎられていた視界も、進むにつれて右も左も海のすばらしい景色。猿鳴から来る道と合流していったん米水津村に入り、南の米水津湾をしばらく眺める。途中、猪垣を見学したり、眼下の岬や入江の名を当て合ったり、風に乗った鳥の気分で三時間ほどの道のりを歩き通す。地松浦に下る少し手前、標高が一番高い北に張り出した地点で、後方遥か彼方の鋭角に尖った断崖絶壁の上に白い鶴御崎灯台が米粒のように見えた。いつの間にか歩いてしまったが、目視するととても遠い。スカイラインを下りたら鶴見町の中心地。役場前から佐伯駅行きの最終バスに乗って佐伯湾の夕景に染まる。

大分・伏野の板井利治
さん(右),首藤太さん

大分・樫峯の
大江和子さん(左)

大分・鶴見の
中村キミコさん(右)

遠足ならではの人との出会い

目線の高さがいっしょで、移動が歩幅だから、すれ違う人が気やすく声をかけてくる。遠足で出会った人の半分はこちらから道を尋ねたのがきっかけだけど、後の半分は先方から「どこから来た」と呼び止められたもの。

徒歩には車のように互いの間を遮蔽する壁がない。バイクのように声が届く前に行き過ぎるスピードもない。ありきたりの公道でありのままの人と人が予期せず面と向かうと、同じ空気を呼吸する共存意識にじんわりと満たされてくるから不思議なものだ。

例えば、囲い込み園地のハウステンボスやディズニーランドで、地元の人との出会いは期待できない。また話をしたとしても接客マニュアル通りの応対にすぎない。それぞれに外観は違うかもしれないが、本質的にはテレビや映画と同じバーチャル、虚構の世界に迷い込む。

何も求めない時にこそ、人は惜し気もなく与えてくれるもの。日常を離れて遠い所にわざわざ出かけるのだから、その見知らぬ土地の風や光、匂い、暮らす人々に直接触れなければ嘘だ。だからこそ、自分の足で一歩一歩しっかり大地を踏みしめる。せっかくの機会を逸しないよう、肩の力を抜いて心を開く。

佐賀・白石の
小野勝弘さん,としえさん

福岡・新田の
元気な子供たち

福岡・伍位軒の
北原セイ子さん

熊本・菊池渓谷の岡本勲さん，池辺ハツヨさん，村上美智恵さん（右から）

熊本・一の宮の高尾正守さん（右），峰子さん（前）

大分・志土知の工藤正義さん（左）

出会いだけではない。その地域の語り口調に耳を傾けても興味深い。鶴見の中村さんの話ぶりには、豊後のおおらかな人柄や人間関係のつくり方がにじみ出ていた。樫峯の大江さんのありったけの接待には感動した。その土地には土地の流儀がある。

スクーターで追い越した志土知《しとち》の工藤さんは「ちょうど昼頃着くあたりになるから、家で弁当にすればいい」と誘って先回り。遠慮なく訪ねたら菜だ、菓子だ、茶だと世話をやく。阿蘇谷の語尾にホーを付ける言い回しは、何度も聞きたくて、忙しい伊野春子さんをしばらく足止めした。御田祭の宇奈利《うなり》の白装束を彷彿とさせるやさしい音だ。

和仁《わに》の福原貞幸さんはわざわざ家に取りに帰って、時代祭の写真や資料をくれた。自分の住む町を歩いて通る人への地元自慢には力が入るらしい。伍位軒《ごいのき》の北原さんからは数か月後、前著『おとなの遠足』のコピーを手に歩いてきた人に道を聞かれたと便りをもらう。丹精込めたミカン畑を人に見てもらうと、仕事に張りが出るとうれしい文面だった。

これはたった十六回の遠足だが、出会った人を数えたらその思い出は切りがない。話が弾んで一時間以上も仕事の手を止めさせたり、季節が巡って手塩にかけた産物を小包で送ってもらったり、のんびりとした付き合いが続く。同じ道を歩いても出会いは人それぞれ、無限の組み合わせができ上がる。

長崎の松下ちずえさん

福岡・小郡の定行俊一さん，キクエさん

佐賀・福和の宮原キミエさん

悠々と大河をさかのぼる

佐伯湾に河口を大きく広げる番匠川を，
西に向かってさかのぼる。
まずは佐伯の城下町を抜け，
大河の流れの悠々とした風景に橋の上から挨拶。
やがて川縁を歩きながら，
羽を休める水鳥やシジミ採りのおばあさんと出会う。

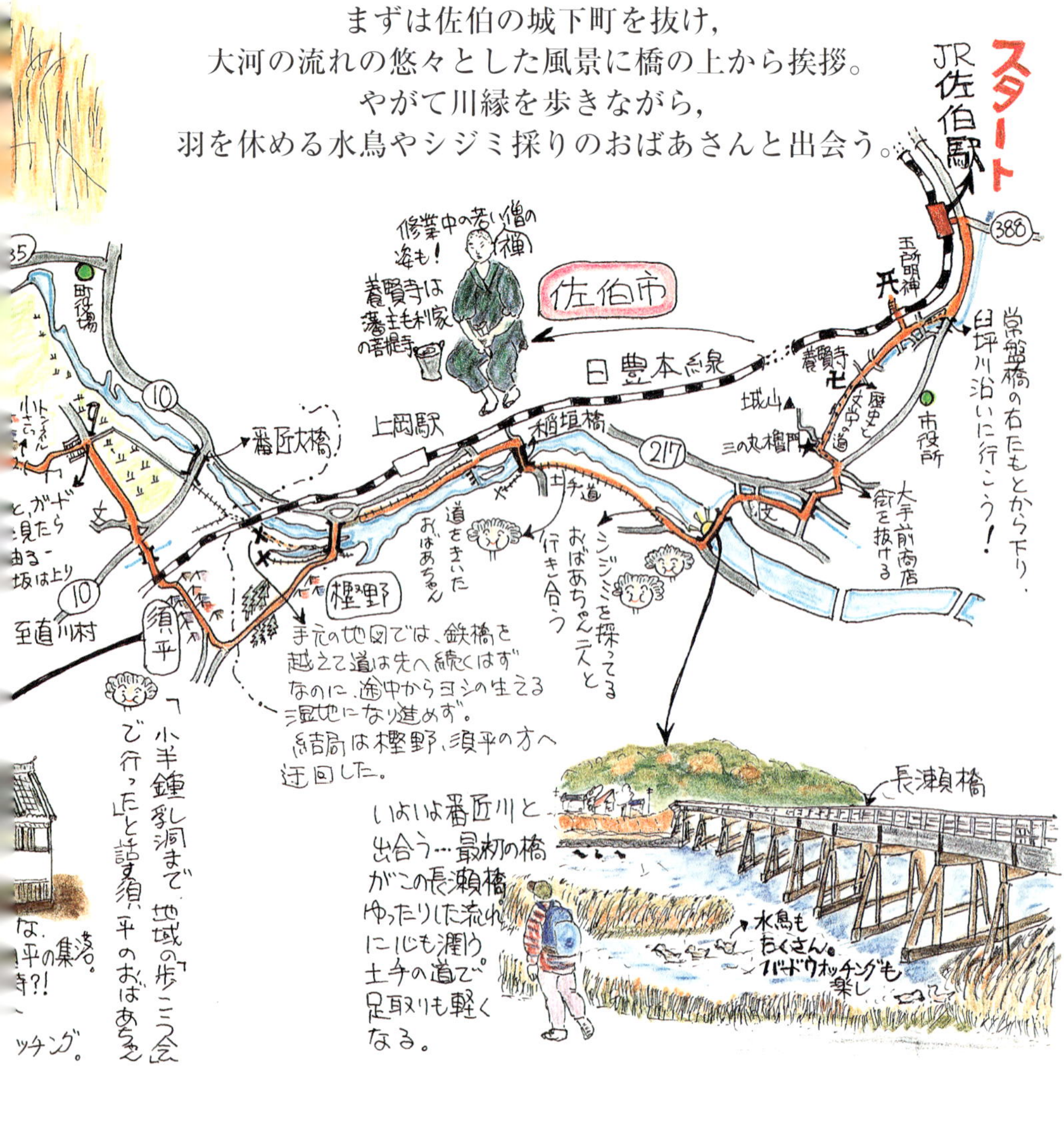

養賢寺の堂々とした鬼瓦

ＪＲ佐伯駅⇨80分⇨長瀬橋⇨80分⇨樫野⇨160分⇨笠掛バス停⇨100分⇨小半鍾乳洞バス停＝およそ21キロ

特急にちりんの車窓から、穏やかな海を眺めるうちにJR佐伯《さいき》駅に到着。佐伯市内から歩こうと思った理由には、豊後水道の飛びきりおいしい魚がある。にぎりはもちろん、冬場が特にうまいあじ鮨、いわし鮨、イカの姿鮨、たっぷりのったうに丼、車エビやフグの刺身、珍味のウツボのたたき、いかついホゴやアンコウの唐揚げ、朝採れ魚を具にしたぶえん汁や熱いごはんにかけたさつま、ごまだしうどん。どれも食べずに離れるわけにはいかない。

駅からはバス通りの国道217号線を南へ進む。常磐橋のたもとで小さな階段を下り、しばらく臼坪川の水路沿いを行くと、「日本の道百選」の散策路。川べりの菖蒲園に架かる月見の太鼓橋から、家並越しに藩主毛利家の菩提寺、養賢寺の美しい甍《いらか》が見える。寺の白塀が現れる辺りから「歴史と文学の道」の小路。四百年を経た禅寺は今も僧侶の修業の場なので、一般の見学はできない。禁じられると、よけいに好奇心がわく。せめてもと門から垣間みたら、ちょうど年若い修行僧が坊の廊下に腰掛けていた。武家屋敷が軒を連ねる小路は櫓門《やぐらもん》の前まで続いて、途中には国木田独歩が教師として赴任中に下宿した家もある。彼の小説『源叔父』は佐伯を題材に生まれた。すぐ裏手の城山はかつての鶴屋城跡。今は木々が茂って緑におおわれ、山頂には独歩碑がある。

櫓門前から大通りに出て、大手町を抜けて中江川に出る。川縁に寿司店を見つけ、さっそくにぎりを頬張る。新鮮な肉厚のねたのおいしいこと。佐伯を出発点に決めた目的を果たす。

長瀬橋の上からいよいよ番匠《ばんじょう》川との対面。悠々とした川は、本匠村の山並か

右── 佐伯は城下町。「歴史と文学の道」と名づけられた小路で武家屋敷や小説の舞台になったたたずまいを味わう(右)
城山を背景にどっしりと構える鶴屋城(佐伯城)の三の丸櫓門。江戸時代そのままの変わらぬ風格には圧倒される(左)
左── 腹ごしらえにアジ，ウニ，イカ，エビ，ウナギ……と，にぎり寿司で佐伯の味を堪能。寿司屋の大将も含め佐伯の人はやっぱり魚にうるさい

ら流れ、佐伯湾へ注ぐ。立ち枯れた葦原は水鳥たちにとっては格好の隠れ場。カワウが杭に止まって魚を狙う。欄干にもたれて川下と川上の景色を対比する。のんびりしたものだ。二月の如月《きさらぎ》には衣更着《きさらぎ》の説もあるが、草木が芽吹いて春を待つ萌揺《きさゆらぎ》、または生《き》更《さら》ぎの意味もある。山おろしの川風はまだ冷たいが、自然界では若芽の再生がひそやかに始まっていて、かすかな春の予兆を感じる。

車が入れない川の土手道を大手を振って歩いていると、川岸から上がってきたおばあさんと鉢合わせ。シジミを採っていたという。

「採れましたね」とバケツの中をのぞきこむ。

「三時間かかってうちの味噌汁の具にする一回分だけだわね」と土手に止めてあった自転車に寄って披露してくれた。シジミ採りは冷たい水に足まで浸って、まさに時間との勝負だという。だから「皆がみな、よー掘らんじゃ」と照れ笑いした。その笑い顔は番匠川のさざ波に似て、ゆっくりした時間の中を漂っているかのようだ。

長瀬橋から川上の方角に見えていた稲垣橋がだんだんと近づく。土手をこのまま進んでいいものか、ここで対岸に渡るべきか、地図を見て迷う。足どり達者に歩いてくるおばあさんと並んだ。

「土手は車も来んで、ええ道やろ」、来た方角を振り返りながら話しかけてきた。

「川上の樫野橋に行くんには堤防を回った方が近いわ。途中でまた聞けばいいわあ、行き過ぎたら後返るんがなあ。また誰かによう聞きなさい」と教えて、すたすたと竜護寺の集落に下る。

上 ── 冬を越したノイバラの赤い実
下 ── 自然岸の番匠川の表情はさまざまに変化する
左 ── 稲垣橋を左岸の土手へ渡る。河川敷に下り，番匠川の水面と同じ高さの遊歩道を樫野橋へ

稲垣橋を左岸へ渡る。枯れススキでおおわれた土手の斜面を寒風がなぶっていく。河川敷へ下りて遊歩道に立つと、水面とほとんど同じ高さ。濃い緑色に見える淵が視線いっぱいになったり、堰《せき》にさえぎられてしぶきを立てる瀬になったりと、流れの変化が間近に見える。

樫野橋を渡り、再び右岸に出た所で国土地理院の地形図を広げ、水色の線の川に沿って黒色の実線の道があることを確認。地図通りに葦の茂った川原に下りて、小道らしい所をたどってみるが、どう進んでも湿地に生えた葦にさえぎられ、道が途中で消えている。それでも一時間は行きつ戻りつ。平成十年に修正した地図だから、それまでは確かにあったはずなのに……。

仕方なく軌道修正しながら、佐伯市を後に弥生町の須平へ集落を抜ける。遠回りにはなったが、興味ひかれる風景に出合えた。ここは家ごとに蔵持ち。資産家が山間にひっそり

と暮らしているのかと思ったら、穀類を蓄えるための農家の蔵だそうだ。それにしても蔵がいるほど番匠川の恵みが大きいということか。

　川沿いの集落の門田、深田、細田《さいた》と、地名通りの豊かな水田を巡り、白尾橋に近づく。遠足する道はできるだけ車を避け、里々をつないで歩くのがいい。予定ではこのまま弥生町側の尾岩の集落から上って、高さ一四〇メートルほどの山越えをして本匠村の笠掛に下るつもりだった。男の人がこちらに向かってジョギングして来たので道を尋ねた。

「今は草や倒木で地元の者も通らんよ。距離はないけど、越えるだけで一時間はかかろう」という。見れば、山から少しずつ夕暮れが迫っている。

「どうする?」と一方が言うと、片方が、

「さっきみたいに山道が途切れて引き返したんじゃ、すっかり暗くなるかな」。途端に二人の間で不安が増幅していく。

須平の蔵持ち農家

道に迷うことのない国道35号線を歩くことに決め、白尾橋で左岸へ渡って鬼ヶ瀬トンネルを抜け、長野に到着。このトンネルの中で弥生町にさよならして本匠村入り。

長野を通り過ぎようとした途端、タイムリミット。最終バスが下って来た。あわてて笠掛バス停から飛び乗った。川原で迷わなければ、番匠川沿いの35号線をたどって小半《おながら》鍾乳洞まで行き着けたはず。寿司屋の大将も、須平《すびら》で会ったおばあさんも、地下の宮殿と呼ばれ、国の天然記念物にも指定された小半鍾乳洞はいいと自慢していたから、ぜひとも見たいと思っていたのに……。

番匠川＝ばんじょうがわ

バンジョーとは音楽的ないい響きだが，本当は「ばんしょう」で番上の工匠の意味とか。古代に順番で上京して服役した大工のことらしい。大工の折尺に似て，川が曲がりくねっているからか，佐伯城下への関門近くに番匠の集落があり，大工が集まり住んでいたのか，番所があって訛ったのか定かではない。

国土地理院１／25000地形図＝佐伯，植松

現地への交通手段

行き☞ＪＲ博多駅新幹線→小倉駅，小倉駅日豊本線にちりん→佐伯駅

帰り☞大分バス小半鍾乳洞→佐伯駅前，ＪＲ佐伯駅→博多駅

問い合わせ先

大分バス☎0972-22-1852，小半鍾乳洞☎0972-56-5808，佐伯市役所商工観光課☎0972-22-3111，弥生町役場企画商工課☎0972-46-1111，本匠村役場企画情報課☎0972-56-5111

番匠川には水鳥も多い

歩く愉しさを教えてくれる本

遠足に夢中になる理由は人それぞれに違うが、筆頭は歩く愉しさ。例えば江戸時代中期の村尾嘉陵という侍は、四十七歳から七十四歳まで江戸近郊の寺社や花を訪ねるなど日帰り遠足を愉しんだ。『江戸近郊ウオーク』（小学館）は道順と見聞したことを和歌やスケッチも折り交ぜた記録の現代語訳。あの頃は庶民でも伊勢参り、大山詣と長旅がブームだった。しかし宮仕えの彼は忙しく休日もままならないサラリーマン侍で、予定は当日決めのことも。この本から汲み取れる彼の流儀はまず日帰り。そして春と秋の外歩きに適した季節を選ぶ。急に雨が降り出せば大木の下で雨宿りし、道に迷っては尋ね尋ねて噂の花の名所にたどり着く。一日四〇キロは当たり前に歩く時代の人だ。

『忘れられた日本人』（岩波書店）や『塩の道』（講談社学術文庫）を著した民俗学者の宮本常一は、「歩く巨人」のように広く日本中を、ほとんど自分の足だけで歩き回った。それはとてもおおらかで、よく見つめ、よく考える歩き方だった。歩く本質的意味について、その著『日本の村』で遠足を例に挙げて少年少女にこう語る、「自分のあるいてゆく道や、道の両がわにある田や畑の形、家のようす……石碑などに……古い人の心がこもっているのです。その心をよみとることもまた大切な学問であると思います。文字に書いたものだけが、私たちに呼びかけているのではありません……その心をよみとることによって私たちはまたいろいろおしえられます」。一六万キロの歩く旅で、泊めてもらった民家は千軒以上、その事実もうらやましいし、彼の流儀に適っているのかもしれない。

地図は遠足に必須の道具なのに、読めないと敬遠される。やはり地図を使いこなすには、楽しむことから始めなくては。季刊雑誌『ラパン』（ゼンリン、二〇〇二年三月から休刊）は、身近な遊び道具に仕立てて地図ファンを増やしている。

例えば地図を眺め具体的な風景を想像しながら自分なりのコースをつくり、机上の旅人になる。また遠足を実行すれば、足跡を絵地図に描いて記録を残す。つまり計画を立て、歩き、記録に残すというように、幾度も楽しめるようになったら、それこそ遠足の達人といえるのかもしれない。

鹿に見送られて三国峠越え

人に会うより動物との鉢合わせが多い。
そんな土地柄だってまだあるのだと，
九州の広さを思い知る。
ミツマタ畑，シイタケの乾燥小屋，
春まだ浅い源流の森。
知らないことは山ほどある。

至登尾
松葉
赤い橋
至野津町
番匠川
三重弥生線
アーチ型の土紙屋橋を渡る
土紙屋
葛蘿
歩いても歩いても、杉やヒノキが続く中、こんな杉ボール!?が目を引いた。
林道 工事中（土紙屋江平線）
右手の坂道を下り橋を渡る
小鶴
新開
大分バス停
虫月
スタート
バス
野津宇目線
至佐伯市
虫月橋
至宇目町（野津宇目線）
図にない
道に悩む…
いの神が!
林業の稲葉さん「鹿ならここらあたりはようけおるわなァ」
道路で若い雄鹿とバッタリ! 棲める山がなくなったのか?
燃料のまきを入れる釜の口
えんとつが何本も立ってる棟はシイタケの乾燥小屋。あちこちで見かけた。

シイタケ乾燥小屋

虫月バス停⇨40分⇨小鶴⇨20分⇨土紙屋⇨30分⇨松葉⇨40分⇨新開⇨100分⇨樫峯⇨60分⇨三国峠⇨50分⇨奥畑入口バス停＝およそ17キロ

佩楯山 754m
今回のゴール・奥畑入口バス停へ。急ぎ足で下りる途中、遠くに傾山方面を望む
トンネル入口
奥畑入口バス停
ラーメン屋
公衆電話
歩いた道
アスファルト道路
通過した集落
ビューポイント
本匠
大江さんちの玄関の鴨居に、杉板で、墨描きのユーモラスな鬼の絵。厄よけ？嫁いで来る前からあったとか。
杉林の中にミツマタの群生
至三重町中心(JR三重町駅)
326
三重町
至三重町片内
36
至本匠村
日陰にまだ雪が!!
ここで初めて三重町の中心地が見えた。佩楯山もよく見える。
畑で草取り中の大江さん
樫峯
三国峠の説明板あり
665m
三国峠
西南戦争跡地の碑
番匠川の源流点
番匠川源流まで約2km
至宇目町
萬年橋
林道桑の木迫線
電話あり
バス
大野交通バス停
ゴール
奥畑入口
三国トンネル
至小野市
宇目町

右── スギの幹に成長したまんまるな瘤，珍しいのでこの木だけ伐採せず残したらしい
左── あちこちで朝焼け色のきれいな小鳥がさえずっている

最初の難関、三国峠を乗り越える。こんな山奥まで分け入ると、歩いていて出会うのは人ばかりとは限らない。三月初めだから越冬したカモ、岩山を渡るサル、猪突猛進のイノシシ、優美なシカ、それはそれで楽しくはある。佐伯《さいき》湾からつかず離れずさかのぼって来た番匠《ばんじょう》川の源流点が極められるかもしれない。

佐伯駅前からのバスが、朝が早すぎてまたもや行きそびれた小半《おながら》鍾乳洞を過ぎ、巨大水車を横目に板屋にさしかかる。目の前の道を四頭の雌シカが横切って山に駆け登った。ここは地名も鹿渕とか。今日の遠足に期待が高まる。番匠川をさかのぼっていたバス路線が支流の上津川《こうづがわ》川に沿って南に曲がる虫月で降りる。朝の斜光に映える虫月の集落から歩き始めよう。

このあたりは番匠川もまだ大きな流れ。川は道から急斜面を下った遙か下にあり、しかも右へ左へへアピンカーブを繰り返す。見下ろす川原の雑木林が、今にも芽吹きそうな気配でキラキラと輝く。ぐるっとえぐれた淵の向こうに小鶴の家々。満開のウメの木で、きれいな朱色の小鳥がさえずり続けていた。

次の土紙屋《つちごや》では対岸に渡って、家並の中を抜ける。一つの棟に四本もの煙突、風呂にしては炊き口が大きい。屋根も特殊で窓が少ない。一体何をする家か奇妙に思っていたら、スギ林の中にクヌギの木組みを見つけた。ひょっとしたら、シイタケの乾燥小屋かもしれない。おもしろいことにシイタケの原木を立て掛けた間に毛糸の帽子を被ったカカシが何体も立っている。

再び川を渡って松葉。ここはシイタケ栽培のメッカなのか、ホダの仕掛けが大がかり。ほかにも和紙の原料となるミツマタがスギ林の下にビッシリと、今いっ

樫峯に番匠川源流点への表示板。この看板が見えたら右へ上る道を選ぶ。番匠川は流長37.8キロの1級河川で大分県南では最大。本匠村山部に源を発して東流し，笠掛で久留須川，小倉で井崎川，佐伯市南で堅田川や木立川を加えて広い河口となって佐伯湾に注ぐ

せいに花を咲かせる。まるで霞がかかったようなやさしい風景だ。

突き出した角を回った所で、道に下りてきた若い雄シカと目が合った。向こうの方がずっと体は大きいのに、急斜面の崖を駆け下って逃げる。こんな間近で二度も野生のシカが見られるなんてすごいと、こちらは有頂天。誰かに話したくてうずうずしていると、山仕事に来た稲葉哲一さんに出会う。地元の人にとっては珍しくもないことだろうが、思わず声をかけると、

「二月に雪がどっさり降るとな、ホダが湿って、春にシイタケの芽が出るん。シカはヒノキの皮をむいたり食べたり害するんよ。二月に猟期が終わったから、安心して山から下りて来たんじゃろう」と教えてくれた。その時は短いやり取りだったが、三十分後にもう一度車で追いつかれた時には、もとはここに住んでいたが、今は三重町に引っ越して仕事のたびに通ってくることなど、山の暮らしぶりを話してくれた。

新開の先で分かれ道を悩んでいると、後ろから来た車の男の人が「この道は三重の町中に直接下る」と言う。三国峠に上る道ではないのだと引き返していたら、その人がまたもや後ろから追い越して、「もう少し先に三国峠に分かれる道があったよ」と、わざわざ教えに戻って来てくれた。バスを降りてここまでにすれ違った車は四、五台、人は二人だけ、このまま進んでいたら誰にも会わず、道に迷ったまま日が暮れたかもしれない。車は再びUターンして来た道を取って返す。手を振って見送りながら、親切な人でよかったと感謝する。

分かれ道を三国峠方面に入って、道端の陽だまりで昼食。ポカポカ太陽に照ら

右 ── 道は立派だが，すれ違う人もない新開辺り
左 ── 朝日を浴びる小鶴の農家の前を行く
下 ── 少し白みを帯びた三支に分かれた枝が折り重なって霞のようなミツマタ，うなだれた淡いレモンイエローの花を咲かせている

樫峯＝かしみね

国土地理院，大分合同新聞社大分県情報地図，昭文社県別マップル，本匠村全図とも樫峰なのに，現地に着いて住所表示を見るとどこも樫峯。両方とも「みね」なのだけれども，ここの地形からいうと，まだ高い山を背負っていて，峯が正しい感じがする。

されていると、居眠りしそうなほど気持ちいい。季節はいつの間にか春。

夢見心地で歩き始めたものだからショックは強烈だった。道端に二つに割れた黒い蹄《ひづめ》、その先に細い脚が続き、膝から上が白骨。太い背骨がくねり、茶色の毛が散乱している。何てことだ、シカの解体跡を目撃してしまう。

土手の畑で草むしりをしていた大江和子さんと出会ったのは、その興奮も冷めやらぬ頃。怖い思いをした後だけに、人恋しさにまくし立てた。

「道沿いに不思議な家を何軒も見たのですが何をする家なんでしょう。ホダの間のカカシは何のおまじないですか」

「あれはエビラの乾燥小屋よ。カカシはサルよけ。サルも食べるだけにしてくれりゃいいのに、ありぎりもいで、どこやらにまとめて置くらしいんよ。じゃけど、みんなも気持ち悪いけん、サルは撃たんのよ。下の方はサルがよお出るから、筒鉄砲を鳴らしよるわ」

このへんではシイタケのことをエビラと呼ぶらしい。話が弾んで母屋の土間に招き入れられ、次から次へ餅と芋と漬物と茶をご馳走になる。ついつい四十分ほどしゃべり込んで、別れ際に記念撮影に及ぶ。

樫峯の十字路に番匠川の源流点の立て看板、ここから二キロ先ではかなりの寄り道なので、あっさり断念。右折して宇目と三重を結ぶ峠越えの旧道に入る。上りきって三重の町並が眼下に見え始める辺りが本匠村と三重町の境。峠にさしかかると北斜面に移るので、気温が一気に下がり、路肩にはまだ雪が残る。西南戦争の激戦地だったことから戦死した兵士を祀る石碑が立っていた。

やがて西へも視界が広がってくると、祖母、傾の山並が傾く夕日の逆光にシルエットで浮かび上がる。さすが三国峠、遙々とした眺め。ここでいう三国とは佐伯藩、竹田藩、臼杵藩のこと。しかし、もっと耳慣れた地名のような……。実は全国に名を馳せた三国峠が別に

右 ── 後は一気に三国峠へ登るだけ
上 ── 足元に奥畑入口のバス停が小さく見える

ある。長野県の信濃と武蔵と下野との国境、歴史舞台で話題に事欠かない峠。となると、ほかにも三国峠は各地にありそう。

九州を東から西へ横断するには、こんな剣呑な峠をいくつ越さなければならないことだろうか。やがて西側が開けると、傾山、祖母山などの奥山が幾重にも重なって、少し紫がかった大気の中に溶けてゆく。

足下の三国トンネルと次のトンネルとの間に、奥畑入口のバス停がある広場が小さく確認できた。三重行きの最終バスまで後四、五十分しかない。ずっと下りではあるし、目標がはっきりしているからまだ間に合うかも。何といっても山の日足は速い、それに日が陰ると一気に寒くなる。とにかく急がなくては最終バスに乗り遅れる。道の傾斜が勢いをつけ、ひとりでにトットットッと足が前に出る。ようやく小木浦に下りて振り返ると、三国峠がまだ真っ青な空にくっきりとそそり立つ。

▶国土地理院1／25000地形図＝佩楯山，千束，中津留，三重町

▶現地への交通手段

行き☞ＪＲ博多駅日豊本線(夜行)→佐伯駅，大分バス佐伯駅前→虫月(早朝のバスは日祭日はないので注意。駅待合室で仮眠して始発バスを待つか，タクシーで5時半頃出れば虫月を夜明けとともに歩き始められる)

帰り☞大野バス奥畑入口→三重町駅前，ＪＲ三重町駅豊肥本線→大分駅，大分駅→博多駅

▶問い合わせ先

本匠村役場総務企画課☎0972-56-5111，大分バス☎0972-22-1852，第一交通タクシー佐伯営業所☎0972-22-2525，三重町役場企画商工観光課☎0974-22-1001，大野交通バス☎0974-22-6155，三重タクシー☎0974-22-1048

ちょっと読めない地名採集

物見遊山気分で興味津々歩いていると、ちょっとやそっとでは読み解けない地名にぶつかることは多い。その時はその場で地元の人に確かめるに限る。後で調べようと機会を逃したら、いつの間にか記憶の彼方に消え去ってしまう。地名はその地域の成り立ちを読み解く大切な鍵でもある。

1、米水津、間越、猿鳴、作網代、羽出浦、鮪浦
2、鶴望、細田、堤内、竹原、波寄、小半
3、因尾、佩楯山、葛籠、山部／海部、出羽
4、鹿毛、悪所内、増氏、左右知、杁迫、夏足
5、十川、会々、玉来川、薊菜、米納、政所、壁谷
6、遊雀、古閑、仁連、合戦群、道目木、役犬原
7、賀田、枳、小池、椚の本、白草、熊戸、生味
8、平良々石、虎口、酒造野、来民、霊仙、震岳
9、平平、萱原、関東、肥猪町、九重、飛形山
10、伍位軒、青青、飯江、海門、古僧都山、女山
11、崩道、金納、舎人、海路端、乾角、咾分、飯盛
12、納所、三幹家、廻里、神辺、馬洗、勇猛山
13、甘久、猪鹿、鳥海、多々良、大砂古、小路
14、乳待坊、大切、古子、幸平、切口、蔵宿、黒川
15、心野、隠居岳、日向郷池、満場越、南風崎
16、母ケ浦、韮岳、皆瀬、角山免、博奕瀬、褥崎

それぞれの遠足に一つだけ無理やり読み解いた囲み記事を加えたが、採集したおもしろい地名はもっと多かった。1は鶴御崎周辺、2は番匠川周辺と16の神崎鼻周辺まで、特に際立つ地名を列記する。まずは下の読みを隠して、いくつ読めるか挑戦してほしい。

■読み

1、よのうづ、はざこ、さるなぎ、つくりあじろ、はいでうら、しびうら
2、つるみ、さいた、ひさぎうち、たこら、はき、おながら
3、いんび、はいたてさん、つづら、やまぶ／あまべ、いづるは
4、ししげ、あくそうち、ましゅうじ、さうち、おうこざこ、なたせ
5、そうかわ、あいあい、たまらいがわ、あざみ、よない、まどころ、へきたに
6、ゆうじゃく、こが、にれ、かしのむれ、どうめき、やくいんばる
7、がた、げず、こじ、くぬぎのもと、はくそ、くまんど、おおみ
8、ひららいし、こく、すぞの、くたみ、りょうぜ、ゆるぎだけ
9、ひらたいら、かいわら、せきひがし、こえまち、くしげ、とびかたやま
10、ごいのき、せいせい、はえ、みかど、こそうずやま、ぞやま
11、くえど、かんのう、とねり、うちばた、いねずみ、おとなぶん、いさかい
12、のうそ、さんげんいえ、めぐり、こうのべ、もうらい、いみょうやま
13、あまぐ、ちゅうろく、とのみ、ただろう、おおさこ、くうろ
14、ちまちぼう、おおきれ、ふるこ、こうびら、きりぐち、ぞうしゅく、くろごう
15、ここんの、かくいだけ、ひなたごいけ、まんばごえ、はえのさき
16、ほうがうら、にらんだけ、かいぜ、つののやまめん、ばくちぜ、しとねざき

白い流れに野の花に道草を食う

中九州の奥深い山里で多彩な春を味わおうと，
日向街道が三国峠と交叉する奥畑を出発。
かんざし揺れるショウジョウバカマ，
白き清流が育む風土と
気さくな里人と
そして，暮れ暮れのしぶき舞う原尻の滝に出合う。

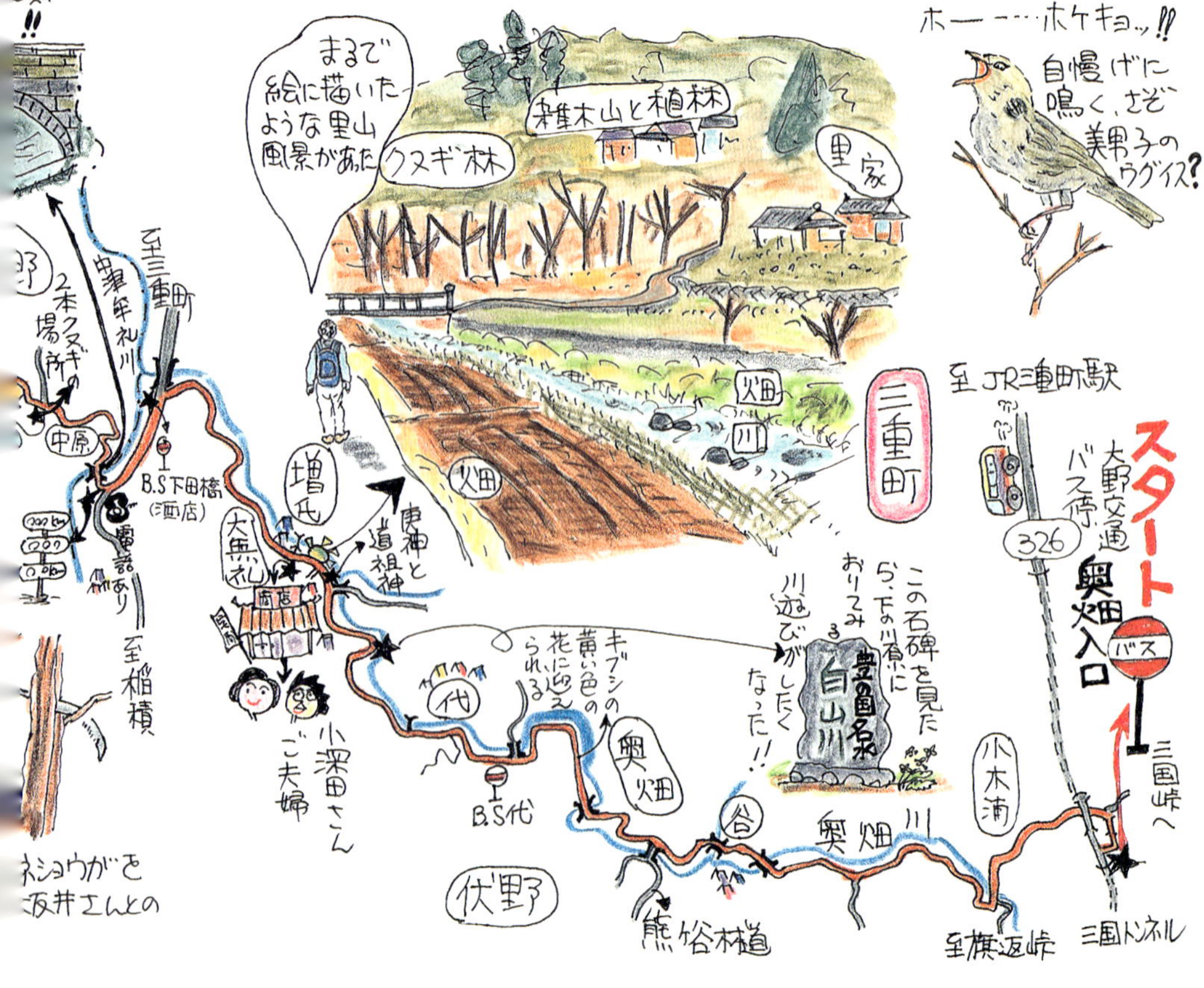

奥畑入口バス停➩160分➩大無礼➩110分➩宇田枝➩60分➩天神➩90分➩原尻の滝＝およそ21キロ

しぶき舞う原尻の滝

右――歩き始めた奥畑入口バス停から，山懐の奥畑の集落へと向かう道。雑木林のあちらこちらからウグイスが美声を競うように鳴いている
左――代の集落のバス停を少し通り過ぎ，奥畑川に架かる小さな石橋でひと休み。澄みきった川面に魚影が走る

里山遠足のスタートを切るのは、JR三重町駅から路線バスで国道326号線を南下すること約十七分の奥畑入口バス停。まわりは樹木また樹木、向こうに山また山、彼方に空また空……。それだけで都心のビルの谷間に住まう者は心も体も開放される。

かつての旧日向街道と重なる高架の国道を下り、小木浦の集落へと歩き出す。しばらく行くと奥畑川にぶつかるが、ここで道路は二つに分かれる。奥畑へは右の県道706号線へ進めばいい。左の道の脇に「旗返峠へ」の道しるべ、西郷隆盛を中心にした薩摩士族らが明治政府に対して起こした西南戦争の敗走ルートとも重なる道。ここまでは車一台、人っ子一人いなかった。こんな所で道をまちがえたらとんでもない。地図を調べると一〇キロ先の中津無礼《なかつむれ》川に注ぎ込むT字路までは、ずっとこの奥畑川に沿えばいいので迷うことはないようだ。それではと心を決めて伏野《ふせの》と宇目を結ぶ道を歩き出す。

いつの間にか谷の集落を抜けて代《しろ》に着く。ここまでは山深く、スギの植林、雑木林、間にはシイタケの乾燥小屋、また所々の斜面には石積みの棚畑も見える。

代のバス停を少し過ぎた頃、奥畑川に架かった脚の低い橋の上を三毛と茶トラの猫のカップルがゆっくり行く。彼らを真似て、手すりのない橋の上に腰掛けて少し休息……。谷川を挟んで両方の山からウグイスがチリチリチーハと鳴いた。ホー、ホケキョではないのに感動すると同時に、「さぞかし美男か美女に育つ幼いウグイスか」と微笑ましい気になる。待ちわびた春本番、いっせいに花が咲き始めている。日当たりのよい所では山肌に淡桃色のアケボノツツジがちらほら、

盛土の斜面では小さなショウジョウバカマが風に揺れ、畑の縁には黄色いナノハナ。春に満ちた山を下り、川に沿い、里を巡る遠足のプロローグ。

次第に目線は山から清流に向く。川岸の開けた所には小さな集落。狭まった自然岸の岩影にはヤマメらしい二〇センチほどの魚影がキラキラとひるがえる。ヂッヂッヂーと川面から逃げるように飛び去ったのはずんぐり体のカワガラスに違いない。大無礼《おおむれ》のバス停を行き過ぎた所に「豊の国名水　白山川」と刻銘された石碑。実際に川原へ下り、水際に立ったり、手を水に浸けたりしてみないと、清流の魅力はわからない。この時もやはり水際まで下りてみたら、夏の木洩れ陽の中で水しぶきをあげながら川遊びする子供たちの姿が目に浮かんだ。

もうじき大無礼の集落だろうか。「行程としては半分」と思っている時、まるで絵に描いたような典型的な里山風景に出合う。視覚で受けて脳裏にすっと入り込む。遠くには高くない雑木と植林の山。その懐に包まれるように落葉したクヌギ林の木立、抱かれるようにして二戸、あるいは三戸単位の民家。わずかな標高のずれを利用した棚畑と棚田が下手のせせらぎまで下る。川にはこちらの県道と対岸を結ぶ小さな橋が架かっている。郵便屋さんが橋を下りて来た。山里には住む人の数が少ないので、あまり出歩く人を見かけない。代わりによく出くわすのが郵便配達の人、大抵スクーターに乗っている。所在を確かめるのにこれほど適切な人はない。

「ここ、どの辺りでしょう?」

「ほら、あそこの庚神塔の先が大無礼の集落、店も一軒ありますから、わから

左――夕暮れ，ようやくたどり着いた原尻の滝。幅120メートル，高さ20メートルの瀑布は大迫力でしぶきを飛ばす

上――道端ではヤブカンゾウの新葉，ヨモギ，フキノトウ，スミレ……と咲き，頭上では葉より先に黄色い房の花をつけたキブシが出迎えてくれる
左――あそこが緒方町の天神の交差点，九州最大の繁華街と同じ地名!?

んことはまたそこで教えてもらったらい い」と郵便屋さん。

言われた通りに小深田商店が左手に。ここまでずっと人に出会わなかったので、小深田さんご夫婦とのおしゃべりは一層楽しかった。

「地図には三重町の伏野と清川村の伏野があるじゃろ。宅配便がようまちがうんじゃ。中津無礼川を境に二つに分かれたんよ。どっちにつくか三年間闘うた。お上が来て、川を境にこっちは三重町。よう見ちょるわ。確かにそのほうが便利がええんよ」と喜美枝さん。ご店主の照光さんは不便な遠距離通学の児童のためにスクールバスの運転手を長い間引き受けているが、「年々、生徒の数も減っていく」と少し寂しそう。

さて原尻の滝まで、まだまだ遠い。商店を後にして、先を少し急ぐ。T字路に出たら下田橋のバス停。その先の白山の

シヨウジヨウバカマ

フキノトウ

スミレ

バス停から右に折れて橋を渡ると、間もなく一連の頑丈な石橋が見える。下を流れるのが、小深田さんが話した三重町と清川村を分ける中津無礼川、これから先は清川村。緒方川を見下ろす天神までは県道45号線を行くが、その道のりが結構ややこしい。途中、人家も点在し、車も走っているので、ポイントごとに道を確かめながら進みたい。三月中旬、庭はどこも花盛り、のどかな景色が続く。ウグイスの声を聞きながら、休憩のつもりでワラビやツクシ摘みもいい。

伏野のバス停を通り過ぎ、丘陵と田が連なる中に家が点在する。花桃が満開だ。道路脇の斜面のクヌギ林で枝下ろしをしている首藤太さんと出会う。

「クヌギの葉が茂ったら、田に日が当たらんで、作物が育たん。風通しをようしちゃらんといかんのよ。木垂《こだ》れる前に枝打ちせんならん」と手に長い竿のつい

アセビ

オオイヌノフグリ

ワビスケ

右── 集落の入口で迎えてくれる庚神塔は里山には欠かせない
左── 深緑の淵を見下ろす天然橋は今は現役を退いている。平行して新しい天然橋ができると，人と車の往来はもっぱら新天然橋に移る

た大鎌を持って作業中。クヌギはシイタケのホダや木炭用になると教わる。そこに、軽トラックで通りがかった板井利治さんが、種ショウガの立派なのを手に入れたと声を掛け、いっしょに話の輪に加わる。今はなくなった白山小学校の同級生だという。

「白山地区は水の里よ。夏になると学校の下の河川プールに、三重や緒方の子供たちが大勢来るわ」と板井さん。清々しい川は土地の人たちには何よりも自慢らしい。

清川中学校の手前の奥岳川に新旧二つの天然橋。うち大正十年の天然橋は美しい眼鏡橋である。途中で数基見かけた眼鏡橋といい、道端の六角形や八角形の石幢《せきどう》といい、小さな社に納められた石仏といい、豊の国は石の文化圏だ。特に文化財をつないで歩いたわけではないのに、石の建造物にいくつも出合う。

中学校前を左にカーブし、その先から茶屋場方面に村道を歩く。次いで息を継ぐ坂道を上る。クヌギ林を眺めて行くうちに「祖母谷

小深田商店の照光さんと喜美枝さんご夫婦から，白山の清流のようにすがすがしい出会いをいただく。後ろに見える車が照光さんが運転するスクールバスやまびこ

大無礼＝おおむれ
村に無断で立ち入ったら「無礼者！」と手打ちになるかもと通過する時はドキドキ。土地の人に聞けば「ぶれい」ではなく「むれ」という。大きな辞書には山を「むれ」と読み，古代朝鮮語と説明がある。そういえば，そばに傾山や祖母山がそびえて山深い。清川村を隔てた真西にも字を変えて大牟礼を見つけた。

も奥嶽谷も稲架日和」の句碑が道端に。そうか、ずっと南には一七〇〇メートル級の祖母山がそびえていると思い当たった頃、バス停の茶屋場に出た道路は県道410号線。これより先はいよいよ緒方町である。

天神から目的地の原尻の滝までの五キロは山付きの集落を素直につないで宮園、右に折れれば滝見のつり橋の上に出る。途中で何度も緒方川を見下ろす。切り立った岩盤に南無阿弥陀佛の刻字、横のくり貫いた岩屋には赤い帽子を被った石仏、顔前の赤い前垂れがひらひらと風に揺れる。

山付きの道に迷うことはないし、九州のナイヤガラと呼ばれる原尻の滝までと目的は明確なのに、全行程二〇キロ強という距離がいささか長すぎた。少々足が痛くなって、最後の五キロがやけに遠い。しかし、その弱音も滝を見るまで。つり橋から遠目に眺め、滝壺に降りて間近に見上げたら、今までの苦労は滝しぶきといっしょに吹き飛んでしまう。

▶国土地理院１／25000地形図＝三重町，中津留，竹田

▶現地への交通手段

行き☞ＪＲ小倉駅日豊本線→大分駅，大分駅豊肥本線→三重町駅，大野交通バス三重町駅前→奥畑入口

帰り☞原尻の滝からＪＲ緒方駅までタクシー，ＪＲ緒方駅→大分駅，大分駅→小倉駅

▶問い合わせ先

大野交通バス☎0974-22-6155，三重タクシー☎0974-22-1048，三重町役場企画商工観光課☎0974-22-1001，清川村役場産業振興課☎0974-35-2111，日坂タクシー☎0974-42-2145，道の駅「原尻の滝」滝の館☎0974-42-2137，緒方町役場産業振興課商工観光室☎0974-42-2111

ひなびた古道から高みの見物

山王の眼鏡橋が古道への入り口。
木洩れ陽のトンネルをくぐり抜けると,
左に傾山から祖母山に至る山並,
右に黒岳から中岳までの九重連山。
ちょうど真ん中の高みから雄大な景色を見渡しながら
緑の山里をつないで歩く。

ＪＲ豊後竹田駅⇨60分⇨山王橋⇨100分⇨志土知⇨70分⇨西園⇨30分⇨三本松⇨50分⇨境の松⇨30分⇨弁天坂⇨40分⇨壁谷⇨40分⇨笹倉バス停＝およそ22キロ

萌える緑がキラキラと光る

熊本県 産山村
豊後街道は、肥後藩の参勤交代道の一つ。熊本城から大分県の鶴崎港までの124km。当時は5日間かかった。
歩いた道
舗道
土・草の径
ビューポイント
志土知 通過した集落
北
南
大分県 久住町
豊後街道のモダンな道標は熊本県側に入ると、たくさん設置されている。
豊後街道
ヘキ谷の道標
当時のおい道標
玉来川
境の松
大利
大利川
弁天坂の石畳
北向
57
大規模な養鶏場の前を通る
三本松公民館
三本松
メーター検針「いいカメラやな」と、声
久保
広域農道
西園
まさに高原の風景が広がる
田に
ゴール
バス停 笹倉
茶屋場跡
壁谷
豊後街道を往く
五里塚
下笹倉バス停
いこいの里
新鮮市場
至 熊本市
笹倉
熊本県 波野村
要注意！急に道路は右に曲がるが、豊後街道は左の草径のほう。「鳥獣保護区」の赤い標示板が目印。
これは山鹿（境の松）の石畳。幅約3m長さ80mが残っている。
うす暗い杉やヒノキ林の中でドキッとする

右── ここ坂折が志土知への分かれ道。少し手前の辺りから迷いやすそうなので，しっかり景色を覚えておきたい
左── 北側に九重連山が見え隠れする（右）
文化4（1807)年から4年の歳月をかけて普請され，参勤交代の行列が通った豊後街道の石畳（左）

遠足は日の出とともに行動を起こし、日の入りの頃、乗り物で帰路につくのがいちばん。ふだんは太陽の運行を気にも留めていないが、まず清々しい朝日を浴び、一日中陽光に包まれて歩き、地平線に沈む夕陽に染まったら、太陽の恵みにじんわりと心も満たされる。もともと人間は向日性の哺乳動物だ。

スタートのJR豊後竹田駅までは、熊本から乗り込む始発の普通列車の車窓風景を楽しもう。阿蘇は世界最大級のカルデラ。ぐるっと取り巻く外輪山と、へその阿蘇山のダイナミズムを、まずは豊肥本線で西から東へ貫く。

竹田駅を出たら橋を渡らずに稲葉川を左手にして、最初の目標の山王橋までさかのぼる。駅付近の川岸は散歩道らしく、犬連れの人と何度もすれ違う。歩道の片側は屏風のような岩壁で、花房をたくさんつけたヤマフジが張り付くように垂れ下がっている。藤棚にからむフジと違って、野生的で紫の濃い花は、これからも里山のあちこちでパッと目につくことだろう。

山王のバス停まで来たら、左折して山王橋。ここをスーッと渡ってしまっては損をする。橋の上に立って、深呼吸してまわりの静けさ、川のせせらぎ、朝の鳥のさえずりに全神経を傾ける。すると九十余年を経た老石橋が話しかけてくる。「この橋は熊本県山鹿に通じる幹線道路の橋で……」との説明板。

歩いて心地よい道に導かれて、たどり着いたのがこの橋。車社会からほとんど置き去りにされたような道だけど、歩いて移動した昔の人たちには往還だった。つまり、古道は遠足にうってつけと納得。

川床に下りて見上げると、橋は巨大だ、と同時に何と貫禄のある三連眼鏡橋だ

ろう。コオドリコソウ、ハハコグサ、ニガナなどの小さな草花やコケたちが、さまざまに間借りする。それが人間の顔にたとえれば刻まれた皺に見えたり、ひげに思えたりするからおもしろい。年を取っても優美さは変わらない。

　橋を渡り左にカーブし、坂折改善センター前を右に、間もなく坂折の集落の手前を山の手へ簡易舗装の道を上る。農家の庭先では五月節句の幟《のぼり》がはためいている。これから先は志土知《しとち》まで人家はない。車主体の現在の地図では小さな道として単線で記されているが、歩きが主流だった昭和前期までは、この道が熊本の菊池方面へ抜ける幹線だった。稲葉川と玉来《たまらい》川に挟まれた標高三五〇～四〇〇メートルの台地を、最短距離で県境の豊後街道へつなぐ。

　志土知までの前半は、雑木やスギ並木の木洩れ陽の中を突き進む。背後からスクーターのエンジン音。ここまで車にも人にも会わなかったので、「こんにちは」とニッコリ笑ってしまう。小柄な男の人は竹田市内に買い物に行った帰りらしく、荷台の箱から食糧がのぞいている。

「歩いとるんか、私らも五月二十日に全国ウオークラリーをやるんじゃ、おもしろいんよ。この道も古い街道やし、いい道じゃろが。さっき渡った山王橋は二代前のここらの人が石工になって、借金して造ったんで。この横の宮ヶ瀬井路もそう。今ん人と昔ん人は生き方が違う。庄屋さんでも私財を投げ打って水路を造りよった。今の人はもうかろうばっかりで議員に出て、人のあげ足を拾うことしか考えん。昔ん人主義やと平和じゃあ」と工藤正義さん。山王橋建設の昔の資料があるから家に寄んなさいと誘いを受けて、いったん別れる。

志土知＝しとち

キーボードを平仮名入力する人はピンとくるが，しとちの３文字は下から２段目の左端にこの順番で並ぶ。近くにツチトリ，ヒブリ，ミサコと片仮名の地名もあって，何か異質な文化の匂いがしないでもない。

クヌギ林の新緑の中を森林浴

時々、木立の切れ間からまず南側に傾山が、続いて古祖母から祖母の山並が見え隠れする。すると今度は北側にも黒岳の山容が見え始める。両側の雄大な山脈までずっと谷を占領した緑、緑、緑。微妙な色合いで変化する緑に埋め尽くされる。ツツピー、ツツピーとヤマガラがさえずっている。この鳥の声もなかなか味わい深いが、つるべを繰って芸もする。そういえば、子供の頃、デパートの屋上で鳥居をくぐっておみくじを持って来たのを覚えている。

志土知の公民館を過ぎて、中の迫バス停を左に行き、間もなく日当たりのよい高台に工藤さんの家を見つけた。手製の桜湯をご馳走になる。「里山の桜はきれ

▶国土地理院1／25000地形図＝竹田，桜町，坂梨

▶現地への交通手段

行き☞ＪＲ博多駅鹿児島本線特急→熊本駅，ＪＲ熊本駅豊肥本線普通→豊後竹田駅（竹田に前泊して岡城跡を観光してもいい）

帰り☞熊本大分高速バス笹倉バス停→熊本駅前，ＪＲ熊本駅鹿児島本線特急→博多駅

▶問い合わせ先

竹田市役所商工観光課☎0974-63-1111，産山村役場企画観光課☎0967-25-2211，波野村役場企画観光課☎0967-24-2001，熊本大分高速バス予約センター☎096-354-4845

いでしょうね」と、縁側に腰掛けて庭を眺めると、祖母の山並が借景に。裏にはカボス畑、そしてシイタケも栽培、忙しい農作業の合間に八重桜の塩漬けをこしらえ、畑の野菜で漬け物を漬けては訪れる人たちにふるまうという。田に水が張られ、庭先では苗代が育っている。こうした山間部では早くも五月に田植えの準備が始まるようだ。

広域農道を右に折れると、高原のような風景だ。三本松公民館、そして大規模な養鶏場の後は民家がない。標高六〇〇メートルからの眺めはなかなか爽快。一キロほどで道路が急に右へ曲がる。ここで注意しないと左の草道の「豊後街道へ」の入口を見過ごして、そのまま産山村、久住町方向へ行ってしまう。

豊後街道は熊本城から大津、二重峠、的石、内牧、坂梨、笹倉、大利を経て大分県の久住、野津原、鶴崎港までの一二四キロ、当時の参勤交代の行列は五日間かかったという。石の道標に導かれながら、いよいよ豊後と肥後、つまり大分県と熊本県の境界、境の松の石畳を下る。目の前に玉来川、ここで大利橋を渡って、北向からしばらく大利川に沿い、今度は弁天坂の石畳を上る。樹齢六百三十年、高さ二〇メートル、太い枝ぶりが立派な日本一の大クヌギを拝むには、ちょっと横道に入らなければならない。

壁谷には「豊後街道」と記された新旧の道標が何本も立つ。終点の笹倉まで二キロ弱はスギ木立の道。大きなスギの木陰は薄暗いが、下草に小さな白い花が鮮やかに浮かび上がる。上向きの花を一輪ずつつけたのがイチリンソウ、内側が白で外が桃色のぼかしになって二輪ずつ咲くのがニリンソウで、ともに愛らしい。

大分・佐伯の井戸

大分・鶴見町の猪垣（上），熊本・雪野の大黒様の鬼瓦

人の暮らしに根ざす構造物

遠足が愉しいと感じるのは、はっとする美しい形、なるほどと思える合理的な構造物に出合った時。例えば山里に近づくと川に架かる石組みの眼鏡橋に見とれてしまう。広域の田畑を灌漑する水路や猪垣を目の当たりにすると、ただただ感服する。村に入ると古い民家の造りや蔵に目がいく。すべてが人間の営為を彷彿とさせる。こうした構造物は土地に暮らす人の必要から生まれ、しかもきちんと有用の美を備えているからうれしい。

　鶴見町の道中では、畑を荒らされないようにと、十数キロにわたり石が積み上げられた猪垣の遺構を見た。江戸末期以来の猪垣だけに、崩れた箇所に手を入れながら人々が営々と守ってきた。まさに親か

熊本・三霊神社の龍の姿をした白水の湧き口

熊本・市野瀬橋手前の鏝絵

大分・山王眼鏡橋

大分・須平の蔵

ら子へ何代にもわたる労働の賜物。

　番匠川をさかのぼった時、予定の道から外れたおかげで偶然に入り込んだ集落、須平《すびら》。どの家にも蔵があり、どれ一つとして同じ外観はない。菊池から山鹿に向かう途中の雪野の集落でも立派な蔵を見た。一帯は豊かな穀倉地帯だから、それは米蔵なのだろう。大切な米をしっかり守るのは、屋根の鬼瓦の大黒様。とにかく蔵の卯建《うだち》、鯱《しやちほこ》、鬼瓦、白壁の鏝絵《こてえ》、窓枠などを眺めていると、好奇心がむくむくわいて、どうしてこんな意匠にしたのかと、持ち主に聞いてみたくなる。

　車の目線だと何十キロにも延びた側溝のことなど、気がつきもしないだろう。しかし徒歩であれば、足元を流れる水路をちょっとのぞく。さらに少したどって、トンネルのような穴へ通じるのを疑問に思う。地元の人に尋ねると、それは先代たちが造った井路だと自慢げに語る。灌漑や飲料用に江戸時代に造りついだ水道なのだと初めてわかる。

　さて街に戻り、改めてまわりを見渡すと、見かけが華美なだけ、長く使うことを考慮しないものがあふれている。そんな中で、遠足の道中で出合った構造物をもう一度思い浮かべたい。

佐賀・高橋の民家

佐賀・白石平野のくど造りの家

上界の牧場と下界の田の品定め

外輪山が摩訶不思議な地形を生む。
ヨシキリがさえずるのどかな牧場もいいけれど，
見晴らす限り平らな田んぼも豊か。
上界の高原をうねって続くミルクロードも，
下界の苗田に風がそよぐ阿蘇谷の道も，
一本道で迷いようがない。

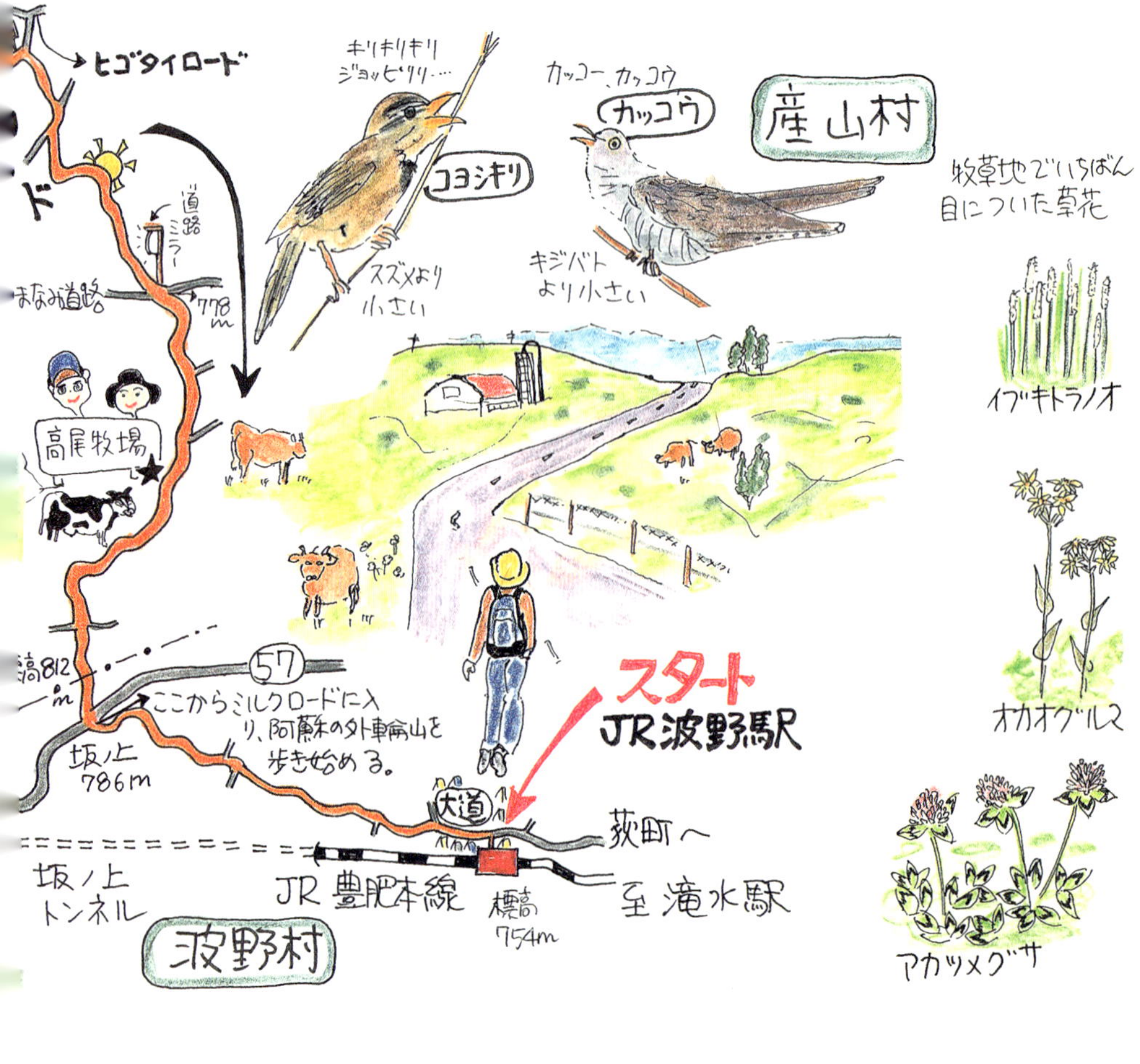

ＪＲ波野駅⇨60分⇨坂ノ上⇨ミルクロード120分⇨ヒゴタイロードへの分かれ道⇨ミルクロード40分⇨エル・パティオ前⇨やまなみ道路30分⇨大観峰への分かれ道⇨ミルクロード20分⇨国造神社への分かれ道⇨グリーンロード50分⇨国造神社⇨120分⇨阿蘇神社⇨30分⇨ＪＲ宮地駅＝およそ24キロ

牧草の刈り入れ

上 ── 九州で一番高い所にある標高754メートルの波野駅
中 ── スズランの自生地の南限(5月下旬開花)が波野駅の南西に広がる
下 ── 阿蘇の赤牛がのんびりと草をはむ

九州で最も幅広い所を東から西へ横断する。笹倉から大観峰へ直行するのがベストだが、外輪山のダイナミズムを目にすると、どうしても寄り道がしたくなる。やまなみ道路から西のミルクロードは車が増えて息苦しく、道路脇に追いやられてつまらない。それに九州で一番高い所にある波野駅にも降り立ってみたい。真っ直ぐ西に進む同じ距離だけ南に延ばし、外輪山を下って平らな阿蘇谷を、稲苗の間を渡る風に吹かれて歩いてみよう。

ＪＲ豊肥本線は宮地駅から南にぐるっと迂回して谷間に入り、まず願成就トンネル、それからもっと長い坂ノ上トンネルを抜けて外輪山の上の波野駅に着く。駅の標高が七五四メートルだから、たった十八分で二三〇メートルを上る。下りはグリーンロードの入口の標高が七八四メートル、手野まで約二八〇メートルの落差なので、徒歩だとどのくらいかかるのだろうか。波野駅からグリーンロードの入口まで標高八〇〇メートル前後の高原を遥々と、悠々と歩くわけだ。

六月の高原はとてもにぎやか。草原に白や黄、紫の花が咲き乱れ、恋いこがれる鳥の歌が途切れることなく響き渡る。雪が降っているかのようなエゴノキ、藪に茂った可憐なノイバラ、下草にはノコギリソウ、ボンボンのようなアカツメグ

上 ── みはるかす高原をくねって延びるミルクロードをどこまでもどこまでも歩く。阿蘇くじゅう国立公園は全国に先がけ昭和９年の指定。世界有数の阿蘇カルデラとその外輪山を中心に，九重火山群，由布鶴見の火山群，雄大なスケールの九重高原と数多くの温泉群から成り立つ

中 ── 谷間のグリーンロードにはキイチゴが鈴なり

下 ── 甘くおいしい手野の清水を両手に受けて飲む

サ、キツネノボタン、アザミなどが、かわいらしさを競い合う。

小鳥で目立つのが小さな体のコヨシキリで、属する科としてはウグイスの仲間らしい。体に似合わず大きな声で自分の存在を主張する。「ギョギョシ、ギョギョシ」と騒々しく、その鳴き声から行々子の和名がついた。それとも行々子の鳴き声から、おおげさな人を「仰々しい」というようになったのか。そのうち慣れて声のする方に目をやれば、真っ直ぐ伸びた背の高い枯れ草に、横から器用に止まって精いっぱい鳴く姿が見えるようになる。

姿を目撃するのは稀だが、遠くの木立からカッコウやホトトギスの声もよく響く。鳴き声はそれぞれに特徴的で、カッコウはその名の通り「カッコウ、カッコー」と梢に止まってよく響く声で昼間鳴く。ホトトギスは「テッペンカケタカ、ホッチョンカケタカ」と昼夜を問わず、飛翔中も鳴いている。両方ともホトトギス科に分類され、夏鳥で低山や高原の林縁に生息。どちらも背が青灰色で、腹は白っぽく、羽先に斑点があってよく似ている。ともにほかの小鳥の巣に卵を産んで育てさせるという奇習を持つ。

里から高原に戻ったウグイスもあちこちで鳴いているし、時にはキジの雄叫び

阿蘇谷は真っ平ら，農道の先が消えてなくなるほど，どこまでも真っ直ぐに延びる

も聞こえてくる。ただし鳥たちが声をあげるのは求愛期のこの頃まで、子育て中は見つかると困るのでほとんど声をたてない。

道沿いに白黒ぶちのホルスタインの牛舎。ちょうど朝の搾乳時間に行き合わせ、しばらく作業を見学させてもらった。

「搾りたての生乳、味見する？」と高尾峰子さんから声がかかり、この誘いに渇いたのどから思わず手が出てしまう。

高尾牧場主の正守さんの生家は筑後の酪農家だったとか。いったんはサラリーマンになったのだけれど、やはり酪農が好きで二十五年前に脱サラして外輪山のここに引っ越し、夫婦裸一貫で始めたという。

「うちの牛たちは牛舎の中を

自由に歩き回れる、これがいいんです」。のびのびとした高原の生活ぶりをいろいろ伺いながら、阿蘇高菜が中にいっぱい詰まった、ここでしか味わえない饅頭をごちそうになる。

大自然真っただ中のミルクロードをひたすら歩く。やがて九重高原から下るやまなみ道路にさしかかったら、丘の上での牧草の刈り取り作業に行き合った。まるで絨毯《じゅうたん》を巻くように草を刈ってロールを作る。次はその巨大な塊を横にクルクルと旋回させながら白いビニールカバーでおおう。あれよあれよという間に仕上がる手際よさに、しばらく見とれていた。

やまなみ道路を一キロほど上って、再びミルクロードへと左

右—山裾の手野に鎮座する国造神社は阿蘇12神の1つ。1宮の阿蘇神社は，この地方に古くからあった噴火口を神体とする信仰と，豪族の先祖である農業開拓神が合体して祀られるようになったもの。平安期に祈禱が盛んになると中央政府が託宣を受け入れ，政治的に強い影響力を持つようになる

左—水田に御幣をめぐらす塚が残る

に折れ、今度は七〇〇メートルほどで南に下るグリーンロードに入り込む。下りきった所にある国造神社の境内で何やら賑やかなグループに行き会う。

「手野の大スギと四十五年ぶりに再会しました。もう感激。この古い写真を見て！ 写ってるのが僕たち五人、昭和三十一年だよ。数学教師に連れられて阿蘇から湯布院へ徒歩旅行した時。昔の記憶をたぐり寄せて全員そろってまた訪ねたわけ。台風で折れて枯死しちゃったけど、それでもまだちゃんと立ってるんだねえ」と門司北高校十回生の佐伯忠夫さんたち一行。こんな旅の仕方もあるのだと微笑ましい。

国造神社から阿蘇神社までの道のりは、双方の農耕の神に守られた広大な稲作地帯の縦断になる。手野から一の宮役場まで一直線に延びて先が霞んだ田んぼの中の農道を選ぶ。道を確かめるために正面からスクーターで走って来た井野春子さんを呼び止める。

「苗が阿蘇谷一面伸び出してホー、きれいかでしょ。七月二十六日の国造神社の御田植祭《おんだまつり》には、昔はですねホー、『おんだ』ちいう饅頭ば作りよりました。頭にお膳をのせた白装束の宇奈利《うなり》たちの行列ばホー、撮影

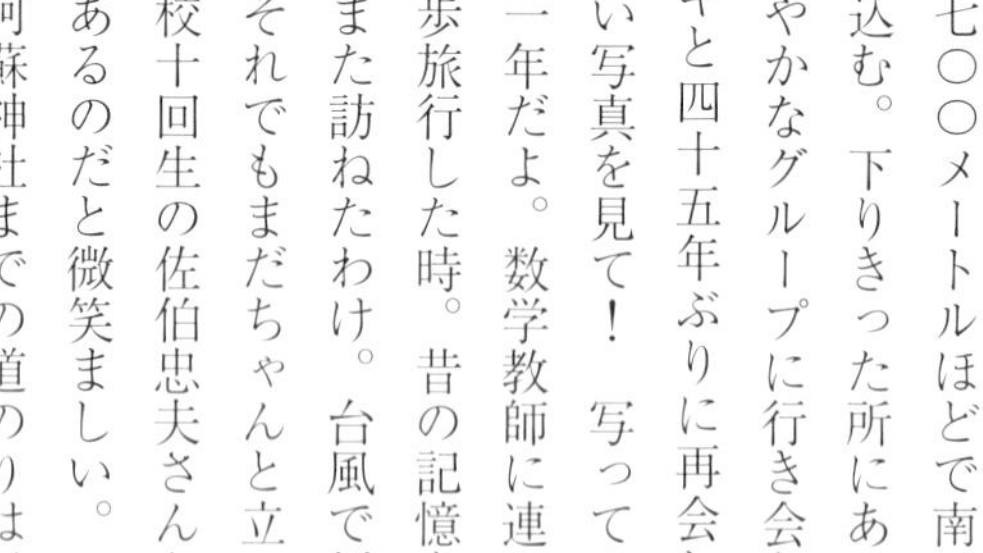

昔そのままの小川がさらさらと流れる阿蘇谷

国造神社＝こくぞうじんじゃ
まじめに日本史の授業を聞いてた人なら，「くにのみやつこ」と読んでしまいそう。阿蘇神社の本宮でもあり，阿蘇の国の礎をつくった速瓶玉命《はやみかたまのみこと》を祀る神社だから意味は同じだが，ここでは「こくぞう」と読む。道を尋ねた時に「くにつくり」なんて言う人は，よそ者だから当てにしないように。

においでる人が多ございます。うちは民宿してて、もう修学旅行生が到着する時間なんでホー、そんなら」と阿蘇谷特有のホーの語尾音は人の心をやんわり解きほぐす。

　手野の小さな坂の上から眺めたら、一の宮の中心地が見えるのでたいしたことはないと高を括ったのがまずかった。障害物が何もないので近くに感じただけで、歩いてみると、これが遠い。行けども行けども役場に到達しない。町中に入ってしまうと、終点の宮地駅までは近い。最後の仕上げに、この地を知ろしめす阿蘇神社には是が非でも立ち寄りたい。

一の宮のあちこちで見かけた湧水堂

▶国土地理院１／25000地形図＝坂梨，坊中

▶現地への交通手段

行き☞ＪＲ博多駅鹿児島本線→熊本駅，熊本駅豊肥本線→波野駅（午前中の列車の多くは宮地駅止めなので，波野駅まで1駅間はタクシーを使わなければならないことも）

帰り☞手野から宮地駅まで九州産交バスあり，ＪＲ宮地駅→熊本駅，熊本駅→博多駅

▶問い合わせ先

波野村役場企画観光課☎0967-24-2001，一の宮町役場商工観光課☎0967-22-3111，一の宮タクシー☎0967-22-0161，九州産交バス☎0967-34-0211

原野から渓谷まで緑の諧調

たった緑の色１つでも，これだけの色数がある。
日々の生活の中で
いったいいくつの色に気づいているだろう。
外輪山の草が密生した原野から
巨大な樹木におおわれた渓谷まで，
数知れない緑に染まる。

大観峰バス停⇨100分⇨菊池阿蘇スカイライン展望所⇨20分⇨339号線とのＴ字路⇨70分⇨裏谷橋⇨100分⇨菊池渓谷入口駐車場⇨90分⇨立門入口バス停＝およそ21キロ

水のきれいな菊池渓谷

マタタビ
枝先の葉が白く、梅のような花
スカイラインの車道から
渓谷へ入る。清水谷の
←阿蘇（スカイライン）立門→
深葉
菊池阿蘇スカイライン
菊池渓谷
野鳥の森観察路
観察小屋
案内
バス停
立門入口
ゴール
至小国 日田
387
立門入口
至菊池・熊本
7月20日～11月30日はシャトルバスが菊池市街まで運行。最終便は管理事務所に尋ねてみて。
P
シャトルバス運行時のバス停
この先に公衆電話
管理事務所
水天宮
広河原へ下りた
紅葉ヶ瀬
竜ヶ渕
四十三万滝
広河原橋
九州自然歩道
梶の木谷
第六深葉橋から始まり
第十まで、全部木の橋
菊池市
※菊池渓谷は見やすいように
地図を拡大しています
オオバジャノヒゲ
（ユリ科）
淡紫色の小粒の花が
渓谷への道端にたくさん

本当はこの雨雲の向こうに阿蘇五岳があるはずなのだが……

西と東が均等ではないから、距離で計算すればまだ半分には達していない。しかし形から見れば、九州のヘソともいうべき阿蘇山を過ぎるのだから、九州横断もいよいよ後半戦。遥か下界を眺めながら外輪山の高みを七キロ、灌木の中を四キロ、そして梅雨で水嵩《みずかさ》を増した菊池川沿いを一〇キロ。途中に公共の交通路線がまったくないので、ずっと下りで楽とはいえ、ちょっと長めの二一キロを踏破する。

何だか怪しい天気予報に悩みながら特急列車に乗り、途中のどしゃ降りにおののきながら、濡れていない阿蘇駅に降りてほっとしたのも束の間、見上げたら大観峰は暗雲の中。「とにかく、ここまで来たのだから駄目元でスタート地点まで行ってみよう」といつになく強気。諦めかけていたのに阿蘇菊池スカイラインは降っていない。

草原を歩く間は曇りで涼しい風が吹いていい気持ち。渓谷の巨木の下に入ったら、時折、青空がのぞくいい天気。本当は時々小雨がパラつくぐらいが夏場は歩きやすい。日射病の心配がないし、のどが渇かないから水の飲みすぎでバテることもない。降らず照らずの遠足はすこぶる快適。

という具合に遠足に出かける時、いちばん気になるのが天気。フランス人のように傘もささずに平気で濡れて歩けばいいのだが、風呂好きの日本人は風呂場以外で濡れるのを嫌う。だいたい降水確率三〇パーセント以下が遠足日和の目安だ。持参する雨具は上着とズボンに分かれたタイプより、頭からバサッとかぶるポンチョか、コート風がベター。長時間にわたって運動するから、風通しがないと汗

右――芳香を放つマタタビの花，この時期は先端の葉も数枚白く化粧をして遠目からでもよく目立つ
左――頼りなげなガクアジサイの花だけれど，森の緑に映えてとても美しい

をかいて内側からびっしょり濡れてくる。雨対策は決して怠れない。
スカイライン展望所にライトバンの焼きトウモロコシ店が今日も出ている。
「こんな天気はいつもなら休むんだけど、昨日のお客さんから『明日、帰りがけにまたもらうから』と予約されちゃって。商売始めてもう二十年以上になるねえ。八月までは熊本のスイートコーン、九月になると阿蘇の香ばしいトウモロコシが出るよ」と律儀な伊藤ヨウ子さんは炭をおこす。

阿蘇菊池スカイラインをひたすらに西に向かって歩くだけでなく、途中の牧場をつなぐ土道にも入り込んで道草を愉しむ。うねって果てしない牧草地は刈ったばかり、縁にはウツボグサやアザミも咲いている。遠くにポツンポツンと赤い屋根、黒い屋根。草地畜産研究所や熊本県立農業大学の阿蘇校舎らしく、柱のない珍しい建築物とか。こんな環境で勉強できるなんて、まったくうらやましい限り。まわりは見渡す限り色とりどりの緑で埋め尽くされている。

元来、日本人は色彩に敏感な民族だ。例えばこの緑。青丹《あおに》、海松《みる》色、根岸色、鶯《うぐいす》色、鶸《ひわ》色、黄緑、抹茶色、柳茶、苔色、草色、萌葱《もえぎ》、若草色、苗色、若葉色、柳色、裏葉柳、松葉色、若緑、浅緑、山葵《わさび》色、麹塵《きくじん》、山鳩色、翠《みどり》色、暗緑《あんりょく》色、常磐《ときわ》色、若竹色、青竹色、薄緑、灰緑、白緑《びゃくろく》、深緑、緑青《ろくしょう》色、青磁色、木賊《とくさ》色、千草色、鉄色、革色、青緑とざっと数えて三十八色も識別してきた。無数の緑を眼前に、指折り数えていくつ区別できるか確認したい。

外輪山から北にそれると道が下った分だけ木の背丈が伸び始める。ここから先は九州自然歩道の杭が道標。あちこちの茂みにクマイチゴの赤い実が見え隠れ、

右 ── 草刈りがすんだ牧草地も歩いてみよう。何だか心まで広々としてくる
下 ── おいしいクマイチゴを収穫
左 ── 谷川には森に溶け込むような木の橋が何本も架かる

四十三万滝
＝よんじゅうさんまんたき

読み方は字のままだけど，いわれが奮っている。1日の平均流水量が43万石（78万トン）という古老の話はまじめな方。もう一つ，昭和9年に当時の九州日日新聞が景勝地募集をかけたところ，43万票で第1位を獲得した場所なのだそうだ。

白いマタタビの花が芳香を放つ。グミの木も多そうだが、実がなるのはいつだろう。マタタビは不思議な木だ。花の咲くこの頃、先端部分の数枚の葉がパウダーを塗ったように白く色変わりするので判別しやすい。名前はこの実を食べて旅人が元気を取り戻し、また旅を続けたことに由来するとか。特に猫科の動物はこの枝や実、花が大好きで、土産に持って帰ると我先にカプッと食らいつく。

尾ノ岳の水を集めた菊池川の支流にかかる裏谷橋と清水谷橋の間から、自然歩道は左に折れる。広場の先に進入禁止のバリケード、脇を越えて進むと清水谷。この辺りにオオバジャノヒゲとガクアジサイが群生している。蛍光色の青でボンヤリ浮かび上がるガクアジサイに感動している間に巨木の森に突入した。

カヤの樹皮は灰青色がかって滑らか、イチイの仲間だから葉は先が尖ってチクチク痛い。種子に油が多く含まれ、食用にもなるらしい。ケヤキはニレ科で、木目が美しいので建材として重宝がられる。狂いが少ないので「けやけき木」、つまり「特に際立つ木」という名誉ある命名。空に向かって伸びやかに枝を広げた

姿も美しく、最近は都会の街路樹にも増えてきた。
清水谷のカヤもケヤキも樹高は三〇メートルぐらいあるようだ。森の中に入ると呼吸しやすくなることを実感。深々と息を吸い込みながら、ブナの大樹にまとわりついた蔓性の小さな白い花群れにカメラを向ける。谷が深くなれば深くなるほど、まわりを見事な巨木に取り巻かれる。この一一八〇ヘクタールの国有林には百二十六科、九百四十七種の植生が数えられるそうで、ヤマボウシ、アブラチャン、カナクギノキ、コバンノキ、メグスリノキなど、おもしろい木もずらり。あちこちに小さな名札をつけてもらっている。当然、小鳥の種類も多いらしいが、すでに昼過ぎになっていたので声はない。
やがて阿蘇町を離れて菊池市。最初の木橋を渡る辺りから、くまもと自然休養林としての整備が行き届く。幾筋もの谷川が流れ込み、下るにつれて菊池川は太る。降り続いた梅雨を集めた流れは速い。一枚岩の広河原で一気に幅を広げ、段差が激しい四十三万滝ではそこかしこが滝になる。それからずっと天狗滝、竜ヶ渕、紅葉ヶ瀬、黎明の滝、掛幕の滝と水煙を上げて流れ落

右 ── 菊池川に沿って下る自然歩道
上 ── 巨木が吐き出すおいしい空気で体を満たす

ちる。西の端が菊池渓谷の基点になっていて、売店、休憩所、ゲートと建物が並ぶ。

「渓谷を訪れる人は年間二十万～三十五万人。水や自然環境を汚染されるのが一番の悩みですよ。ここでは一切のキャンプ施設をなくし、犬連れの方にはご遠慮願い、自動販売機も置かない。それでもマナーを知らない人たちが増えて、ポイ捨てやトイレなどの公共物へのいたずらは後を断ちません」と、菊池渓谷を美しくする会の岡本勲さん。話を聞いている間に池辺ハツヨさんが渓谷の清水で入れてくれた茶がとてもおいしかった。

ゲートを出た所で再び菊池阿蘇スカイラインと重なる。渓流で遊びたくなる夏から紅葉が美しい秋までは、ゲート前から菊池市街地へのシャトルバスが通うが、それ以外の季節は菊池川に沿って五キロ下った立門からしか路線バスはない。

▶国土地理院1／25000地形図＝満願寺，坊中，鞍岳，立門

▶現地への交通手段

行き☞ ＪＲ博多駅鹿児島本線寝台特急レガートシート→熊本駅，熊本駅豊肥本線→阿蘇駅，産交バス阿蘇駅前→大観峰

帰り☞ 産交バス立門入口→菊池（夏から秋にかけては菊池渓谷入口から菊池行きのシャトルバスが出る），電鉄バス菊池電鉄プラザ→熊本駅前，ＪＲ熊本駅→博多駅

▶問い合わせ先

九州産交バス☎0963-54-5451，内牧タクシー☎0967-32-0645，電鉄バス☎0968-25-4005，菊池渓谷管理事務所☎0968-27-0210，阿蘇町役場観光課☎0967-32-1111，菊池市役所商工観光課☎0968-25-1111

足跡を線で結んで標高図

遠足から戻って、もう一度自分の歩いた足跡を見直すのはおもしろい。地図を眺めながら、新たに気がつくことがいくつも出てくるからだ。例えば「志土知《しとち》辺りは登りが大変だったなあ」とか、「夏なのに外輪山は朝、とても寒かった」と思い出していると、ふと自分が感じた高度に疑問がわく。「それじゃ、志土知と阿蘇ってどれぐらい標高の差があるんだろうか」と知りたくなる。

そこで、自分なりの「標高図」を作ろう。描くにはトレーシングペーパーを使う。縮尺コピーした地図の上にペーパーを固定し、まず遠足ルート上で場所をいくつか選んで、横軸に記入。標高を縦軸にする。場所のおおまかな標高値を地図で確認して、点で示す。あとは点をつなぐだけ。具体的な図にしてみると、志土知と一の宮辺りでは自分が感じた以上に高度差があった。

今まで水平に眺めていた地図を垂直からも把握でき、立体感が出てくる。できれば遠足するたびに繰り返し標高図を作ってみよう。そのうちに地図が少しずつ読めるようになるだろうし、何より、歩いた道のりに愛着を覚えてくる。

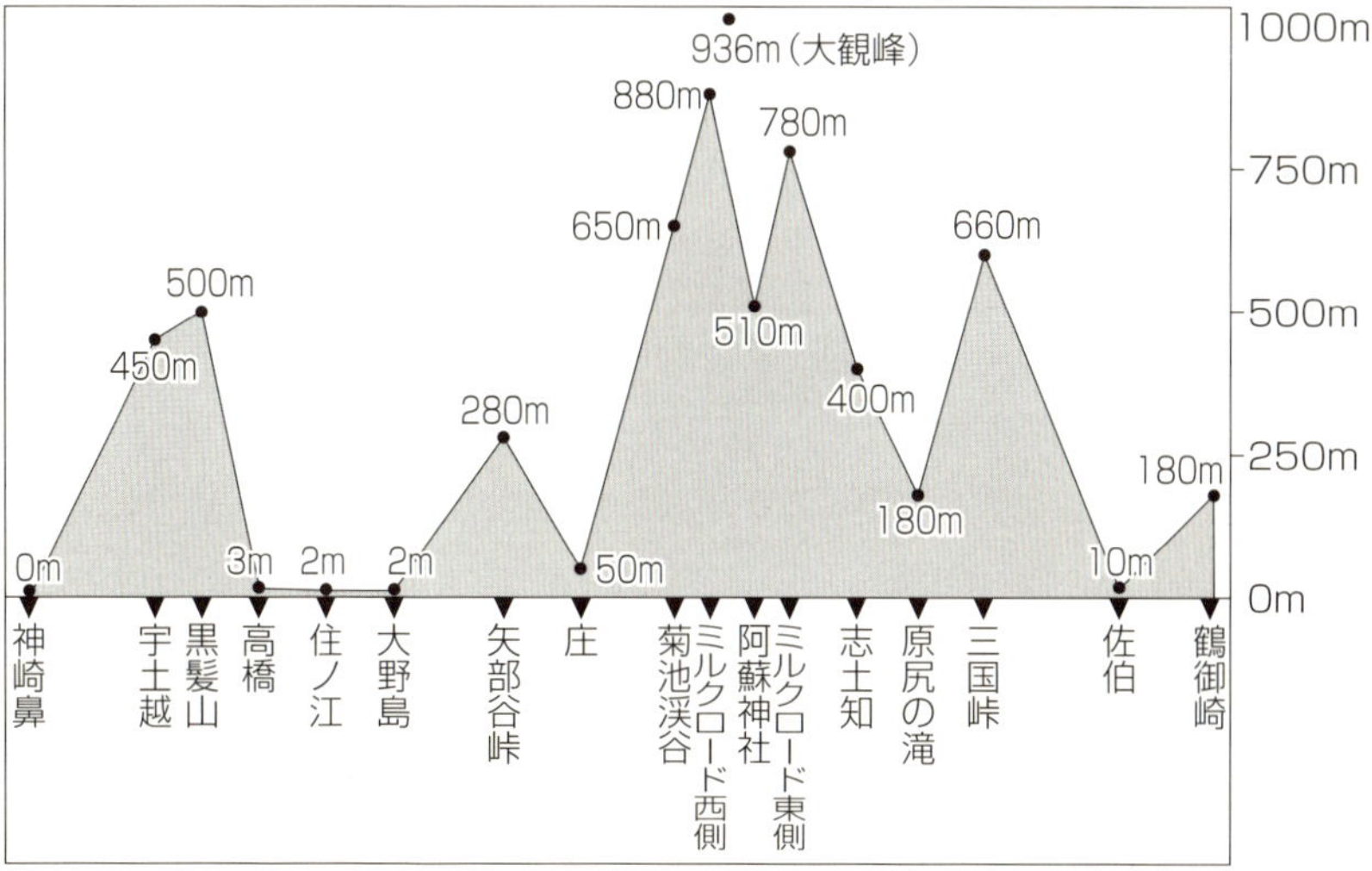

大暑を真っ青な空に突き抜ける

真夏の空は突き抜ける青，
歩いても歩いても目的地は遠い。
そんな時，ひんやり谷間で野仏に出合った。
美しすぎて，気持ちよすぎて，
ほっと一息。

篠倉バス停⇨30分⇨雪野⇨100分⇨稗方⇨30分⇨大林⇨30分⇨立徳⇨20分⇨松尾神社⇨40分⇨津袋⇨60分⇨不動岩入口⇨90分⇨山鹿のあし湯⇨10分⇨山鹿西鉄バス停＝およそ20キロ（途中でバスを利用する場合，山鹿行き路線は九州産業交通が運行）

まず八方ヶ岳方面へ向かう

右── 今度は逆に同じ八方ヶ岳の山並を背負って進む。とにかく北側はずっと山が連なっている。どこかで越えなければ福岡に至らない
左── 松尾神社では塀から人間界を見下す仁王(右)と，珍しい大樽作りの絵馬を見つけた(左)

九州を横断するわけだから、東から西へ順序よく歩きつがなければならない。つまり、炎天下だからといって木陰が涼しい山にさしかかるとは限らない。白熱の太陽を尻目に、「夏には夏のおもしろさ！」と覚悟を決める。前半は少しでも排ガスの少ない里山へ迂回し、後半はくたびれ具合で路線バスにすぐ乗れる田舎道を選ぼう。菊池から山鹿《やまが》まで、菊池温泉、雪野温泉、薬師湯温泉、菊鹿温泉、恵温泉、七城温泉、熊入温泉、平山温泉、山鹿温泉、どこで止めても遠足の仕上げに温泉が誘っている。

篠倉から北に、ひときわ高くそびえる八方ヶ岳に向かって歩き出す。雪野川の川原に網を手にした子供が二人、海水パンツの勇姿に思わずシャッターを切る。「学校にプールがないから保護者付きだと川で泳いでもいいんです。でも昨日は雷雨がものすごかったから川の水が濁って今日は泳げないや」と保護者らしい兄の方。五歳年下の小学四年の弟と残念そうな顔で引き返す。名実ともに大暑だったこの日、夏休み中の子供たち以外、道中の最初から最後まで戸外に人が少なかった。

同じ方向だったので二人の家の前までいっしょに行って驚いた。蔵の鬼瓦が大黒様、後ろで鯱《しゃちほこ》の尻尾と合体しているようだけど、一体どうなっているのだろう。一番大切な物を飾り立てたがるのが人の常。水が豊かな穀倉地帯の菊池から山鹿にかけては、蔵が立派な農家が多い。おもしろい蔵を見つけたら、屋根の造りや壁の装飾などをじっくり観察しよう。

U字に蛇行する雪野川をもう一度渡って坂を下り、柿の大木を目印に左に曲が

る。見事な柿と銀杏、実のなる秋にも来てみたい。蛇行する迫間川がしっかり肥やす七坪の水田。地名は七坪でも、見た目にはもっと広々としているように見受けられる。丘を越えた稗方《ひえがた》でアイスクリームも売っている酒屋を発見。頬張るついでに店内のクーラーでほてった体を冷やさせてもらう。

木立の下はさすが別天地だけど、照り返す舗装道路はとにかく暑い。熱中症にかからないよう、つば広帽子を決して忘れないこと。汗ふきには首に垂らした絹の細手のマフラーが重宝。水は二リットルのペットボトルを前夜から冷凍庫で凍らせておき、タオル二枚で巻いてリュックに入れれば、夏といえども昼過ぎまでは氷が残る。少量の砂糖と塩を混ぜておけば体に吸収されやすいとか。氷はゆっくり溶けるのでガブ飲みを防ぎ、横にくっつけて置けば弁当のクーラー代わりで一挙両得。時々、生レモンをかじってのどの渇きを抑える。暑い夏にしっかり汗をかいて体内の老廃物をすっかり流し出したい。

注意点がもう一つ。地図を見たり、方角を検討したり、水を飲んだりと、立ち止まる時は必ず日陰に入ること。日向はクラクラするけど、どこでも日陰はひんやりと気持ちいい。体温が上昇してくたびれたら、神社の木陰などで昼寝をするのも夏の遠足の愉しみと心得る。ムダをしない、ムリをしない、タクシーやバスを利用するなど、逃げ道を用意して気楽に構えるのが真夏の遠足でバテないコツ。

大林から立徳まで集落に沿って水田の北縁をぐるりと回る。直線で突っ切りたかったが、道が途切れていた。横枕で小学校の木陰を借りて昼食。珍しく二宮金次郎が健在で、隣の大木ではクマゼミが列に並んでワシワシワシと鳴き立てる。

山鹿＝やまが

山中で湯浴みする鹿を見て温泉を発見したといわれる山鹿。奈良時代にはすでに肥後城北の中心地となり，平安時代には湯《ゆ》泉《の》郷《ごう》として全国に名を知られていた。ところで，この辺りにはよほど鹿がいたらしい。菊鹿町，鹿本町，鹿央町，鹿北町と鹿がまわりを取り囲む。

石仏がずらりと並ぶ木野の切り通し

木野の出っ張りを突っ切るために坂を上ったのがよかった。禅寺跡の奥の切り通しは見応えあり。三十体ほどの苔むした石仏が並んで出迎える。ヤブミョウガやウバユリの白い花も咲く。下った先の松尾神社の木彫の狛犬や樽造りの絵馬もおもしろい。

里山を歩いていると息を呑むような美しい風景によく出合う。特に意匠をこらした家々でもないし、色とりどりの景観でもない。ありふれた民家と普通の田畑なのだけれども、なぜか否応なく心ひかれてしまう。ここに人が暮らして、庭に草木を植え、まわりを日々耕している。耕作する人の度量で田畑が有機的に仕切られる。家々とそれぞれの仕事場をつなぐ道が周囲を縦横に巡る。そこにあるだけで人の心を和ませる風景というものが確かにある。

しかし、木野川と内田川が形作った広大な庄の平野には参った。日陰一つない、真っ平らな田んぼが延々と遙かに続く。途中の小さな鎮守の森でほんの少し休憩し、ようやく津袋までたどり着く。踏ん張ってひと丘越え、異形の不動岩を目の

坂を上るとどんな景色に
出合えるか期待が高まる

鳥居の遙か彼方に天を突いてそびえる不動岩

当たりにしたら何だかフニャリと気が抜けた。もうあと一息だが、ギブアップしてタクシーで山鹿入り。

「不動岩はＮＨＫ朝の連ドラのロケ地よ。藤山直美が母親に会いに来たとこ。確か家はそのまま残ってるはずだけど。一帯はミカン山で秋には黄金色、紅葉もきれい」と、疲れ果てた私たちを相手に運転手さんは陽気にしゃべる。車で少し継ぎ足しても、やはり湯の端公園のあし湯が遠足の上がり。山鹿には古い家並が今も残る。時間が許せば、夕暮れの豊前街道の坂を上って八千代座辺りまで散歩もしたい。

特に気候が厳しい夏など、道に迷ったら予定の行程を歩き通そうという気力が一気にめげる。そうならないために地形はできるだけ覚えてしまう。出かける前は暇さえあれば地図を眺め、その在り様を思い描く。川や池の水色と等高線の薄茶色と黒い道の極めてモノトーンな二次元地図に、山を盛

最後の仕上げは山鹿温泉のあし湯。町の中心，広々とした湯の端公園の奥に，誰でも使える温泉が湧く

湯の端公園から古い家並を抜ける石畳の坂を上る。右に少し入った所に山鹿が誇る芝居小屋の八千代座

り上げ、川を流し、草木をあしらい、風を起こして、陽光を当てる。平野の大きさを想定し、近くの高い山の頂からどう見えるかを空想する。

その上で実際に現地を歩いて自分の想像力の過不足を確認するのも遠足の愉しみの一つ。無表情な黒い点で表された家並にひなびた風情があったり、護岸された川だとばかり思っていたのに一面の葦原だったりすると、ついうれしくなってしまう。

それにまったく二本の足はすごい。一歩一歩はたったの三〇センチほどだけれども、たゆまず前に出していれば、いつの間にか遙かな距離を歩いている。とにかく人の体の下半分は全部、足。血液の循環、消化の促進、機能の活用はもちろんだが、漢方では経絡の体全体に対応する経穴《つぼ》も足の裏に集中するという。人間として十全に生きるためには、もともとその足を充分に使うように仕組まれている。

国土地理院１／25000地形図＝八方ヶ岳，山鹿

現地への交通手段

行き☞ＪＲ博多駅鹿児島本線→上熊本駅，熊本電鉄上熊本駅→北熊本駅，熊本電鉄バス北熊本駅前→菊池温泉，九州産交バス菊池温泉(熊本電鉄と道を隔てた斜め前)→篠倉(バスは曜日で時間が異なるので出発前に電話確認)

帰り☞西鉄バス山鹿バスセンター→八女経由→西鉄久留米駅前(八女で乗り換えればかなり遅いバスもある)，西鉄電車久留米駅→福岡(天神)駅

問い合わせ先

菊池市役所商工観光課☎0968-25-1111，山鹿市役所商工観光課☎0968-43-1111，菊鹿町役場企画観光課☎0968-48-3111，鹿本町役場産業振興課☎0968-46-3111，熊本電鉄バス☎096-242-4300，九州産交バス☎0968-25-2155，山鹿タクシー☎0968-44-1000，西鉄久留米テレホンセンター☎0942-33-2231

道半ばで足手荒神に完歩を願う

大げさな名ではないけれど，
昔から里人に愛された
路傍の神やおいしい湧き水，眼鏡橋に出合う。
竹林を渡るさわやかな風に励まされ，
矢部谷峠を越えて福岡に入る。

藪の中の足手荒神

日向バス停⇨30分⇨三霊神社⇨50分⇨耳の神⇨30分⇨田中城址⇨40分⇨鬼丸の石橋⇨80分⇨矢部谷峠⇨50分⇨桐葉バス停＝およそ14キロ

至八女市
4
鹿伏
ゴール
堀川バス停
桐葉
桐葉
農家民宿「大道谷の里」の中島さん夫妻
福岡県 立花町
県界の矢部谷峠
ミカン畑
9月~10月，キウイ棚には
おいしそうに茶色の実が
それこそ鈴
なり…
熊本県 三加
夏場は
木陰の道が
うれしい
至西山
中和仁
一連の鬼丸
眼鏡橋
陣内橋
和仁
和
仁
川
城郭のような
春富小
4
福岡熊本縣界標
福岡縣
福岡県
この矢部谷峠を
越すと，あとは楽ちん
の下り道。
ゴールも近い。
北
南
歩いた道
アスファルト道
土 径
集落

右 ── 十町川から少し離れ，穂に花が咲く稲田の道を三霊神社に向かう
左 ── 干しタケノコと干し小豆は民家の庭先を彩る（右）
熊本県から福岡県へ入る矢部谷峠（左）

目の神に、耳の神、歯の神に、手足の神、胃の神、腰の神、いぼの神、命の神と、三加和町には体にちなんだ多彩な神がおいでになる。全部を遍路してみたいけれど、また次の楽しみに残しておいて、ではどなたに見《まみ》えようかと思案にくれる。「遠足だから、一番のご利益祈願は手足の神さんかな」。勝手ながら一番札所が決まって後は矢部谷峠への行程が自然にできた。

手足の神に一番近い日向のバス停で降り、そばの草野商店の横の道へ曲がる。左へカーブする所に「体の神様」の案内図。竹藪の土道へ入ると足元に自然石が二つ、奥の石に足手荒神と彫ってある。供えられたサカキが枯れていないから、しっかりと守る人がいるのだろう。「無事に九州の西の果てにたどり着けますように」と神妙に手を合わせる。

案内図まで戻って十町《じっちょう》川に向かう途中で、ハウスイチゴの苗植え中の二人と出会った。八月末というのに作業はクリスマス用だそうだ。「手足の神さんに参ったんですが、まだサカキが新しかったですよ」と言うと、「近くの床屋さんが、立ち仕事やいけんち言うて、足手荒神さんに一日と十五日に参りよんなはっと。

孟宗竹の林やクリの木畑に秋が近い

私も二、三日前に参ったばっかりばってんね」と鍋島富美代さん。「これから芝塚の耳の神さんに行かすと。道は広してよかですよ」と西川キヨメさん。

十町川を渡って町役場前から右に折れ、花のついた稲穂がサワサワと風になびく中を北進する。眼前にはこれから越える福岡県との県境をなす山々が横たわる。

山付きの道を進んでいると、左手に二本の石柱が立ち、セメント道がそれに続く。高台に小さく三霊神社の鳥居。神社の裏手に眼鏡橋があって、そばに地元の人が飲み水に汲むほどおいしい白水が湧くと聞いた。さっきミズイモ畑で仕事をしていた女の人を見たが、いつの間にかそばにいる。上板楠の陶山《すやま》長子さんだ。

「このお宮の出水っぁんをばあちゃんたちは白水ち言よんなはった。少し白かでしょうが。夏は冷たかし、冬はぬっか。嫁に来た頃は冬には湯気が上がっとるように見えました。私も畑仕事でのどの渇くと、やっぱこの水ば飲みに下りて来る。あんたたち、先を急ぎなさらんなら、家でお茶でも……」と親切に招待していただくが、まだまだ先が長いので辞退し、再び残暑の日差しの中へ。

道はだんだん傾斜し、坂本牧場から萱原《かいわら》まで人家もない。クリ畑の横を抜け、

峠の楽な坂を下り，民家が見え始めると，ゴールの桐葉はもうすぐ

日向＝ひなた

九州では宮崎県の日向市が有名なのでつい「ひゅうが」と言ってしまいそうだが，全国的には「ひなた」，「ひおも」，「ひむかい」などと読むことが多い。対をなすのが日陰《ひかげ》，日之影《ひのかげ》，陰地《おんし》など。日向が南斜面の山裾で，日陰は日照時間が短い北斜面というわけだ。

竹林の淡い黄緑の木洩れ陽は美しい

涼しげな竹林の緑に汗も忘れ、坂を上って下ると、芝塚のバス停がある車道と交差する。確かこの付近に耳の神が……と、少しうろうろしていると軽トラックに乗った男の人が来た。

「ああ。少し後返ったらよか、耳の神さんちは柳川由布大炊助《おおいのすけ》の墓のことよ」と熊本県文化財保護委員もしている福原貞幸さんが、耳が聞こえなかったために胸板を矢で射抜かれて討ち死にした敵方の武将を哀れんで地元の人々が神に祀った昔話をしてくれた。墓は孟宗竹の藪に守られた小さなお堂の中、息を吹きかけてもらうと耳がよくなる火吹き竹が供えてある。木陰で休憩していると、再び福原さんが現れた。

「田中城址へはまだ？　ぜひ登ってみなさい。二月十一日の『ふるさと祭』にまたおいで。肥後国衆の戦いぶりを再現するから」と、福原さんの鎧兜《よろいかぶと》姿がとてもりりしい祭のスナップ写真を見せてくれた。田中城は一帯を治めた和仁《わに》の支配者の居城で、肥後国衆一揆の最後の砦だったとか。豊臣秀吉に肥後国主に任じられた佐々《さっさ》成政の検地に反発して、五十数名の国衆が立ち上がったらしい。

田中城の近くに城郭風の校舎、町立春富小学校だ。通りすがりの小学生に「すごいね」と声をかけたら自慢げに胸を張る。前の県道4号線を北上する。

先の分かれ道では、左は西山の集落を通って矢部谷峠、迷わずわかりやすい道は右の県道4号線で、一気に峠を越えて福岡県の桐葉に通じる。峠まではゆるい坂で木陰の中をたっぷり歩く。摘果作業の時期だから、青い小さなミカンが畑や道路に散乱していた。ずいぶん上ったと思ったら矢部谷峠だ。石標に「福岡熊本

▶国土地理院1／25000地形図＝山鹿，関町，野町

▶現地への交通手段

行き☞西鉄電車福岡(天神)駅→大牟田駅，西鉄バス大牟田駅前→南関，九州産交バス南関ターミナル→日向(日祭日はバスが連絡しておらず，南関で乗り継げない，タクシーで現地へ)

帰り☞堀川バス桐葉→八女福島，西鉄バス八女→西鉄久留米駅前，西鉄電車久留米駅→福岡(天神)駅

▶問い合わせ先

西鉄バス☎0944-53-8131，九州産交バス☎0968-44-6111，堀川バス☎0943-23-6128，三加和町役場企画観光課☎0968-34-3111，立花町役場企画振興課☎0943-23-5141，大道谷の里☎0943-35-0760(料理，宿泊とも要予約)

縣界標　福岡縣」とある。ここから向こうが福岡県か。

桐葉には中島健介さんと加代さんが切り盛りする農家民宿「大道谷の里」がある。「里山のよさを体験して欲しい、グリーンツーリズムの拠点になれば」と在所で頑張っている。農家でのんびり、おいしい里山料理を食べたければ、ここに泊めてもらおう。

三霊神社の小さな眼鏡橋は裏山の古い参道に通じる

熊本·山鹿の不動岩

熊本·菊池渓谷の水天宮

野辺の神々と路地の戎

熊本·板楠の手足の神

熊本·芝塚の耳の神

知らない土地を歩いていると道沿いで八百万《やおよろず》の神に巡り逢う。一人一人の神はその土地の宝。何を大事に暮らしているか、その輪郭に見えてくる。どんな心を大切にしてきたか、神が行きずりの私たちに語り出す。

筑後の人に馴染みの深い水天宮の総本社は久留米。主神は安徳天皇で平家滅亡の時、伊勢局がこの地に霊を祀ったことに始まるらしい。八女や筑後川一帯には宮が点在して、今でも川縁やクリークに竹とわらで祭壇を作り、供え物をして水神への祭りが引き継がれる。菊池渓谷の莫大な水量を目の当たりにすると、ここに水天宮があるのもうなずける。

不動岩は山鹿の東部、標高三八九メートルの山腹にそびえる巨岩。平安の昔から山伏が坊を建てて籠り、不動明王を本尊として修業したらしい。明治の終わり頃に根元に社を建てようとしたら、十二世紀の滑石製の経筒が岩土から掘り出されたとか。また伝説に、不動岩と彦岳権現は異母兄弟で、継母は権現にまずい大豆やそら豆ばかり与え、実子の不動岩は

福岡・柳川の戸隠神社（右）と道了神社

福岡・沖田の戎

福岡・沖田の大黒

おいしい小豆で大事に育てた。継承者を決める力比べで綱引きという段になると、小豆ばかりで踏ん張りのない不動岩は敗れてしまった。首が吹っ飛ぶほどの負け方で、今も首石が離れて残り、流れた血で一帯の土が赤くなったという。

　遠足をしていると足の神の前を素通りするわけにはいかない。三加和町には身体にまつわる神が大勢いらして、地元の健康志向は生半可じゃないなと脱帽する。もう一つは、柳川に戸隠神社、こちらは天照大神が隠れた岩戸を開けた手力男《たぢからお》命《みこと》を祀る。手も足も腰も強くなければあんな怪力は出せないだろう。

　有明海沿岸には戎《えびす》が多い。表記は戎、夷、蛭子、恵比須、恵比寿などさまざま。日本神話では伊弉諾尊《いざなぎのみこと》と伊弉冉尊《いざなみのみこと》の第三子の蛭子神は三歳まで足が立たず、葦舟で流し捨てられる。いびつな子と、中国で辺境の民族を南蛮、東夷《とうい》、北狄《ほくてき》、西《せい》戎《じゅう》と呼んだ差別意識が融合した概念らしいが、それを遠い海からもたらされる幸に変えるところが民衆の健気さと愉快さ。古代インドで暗黒の神だった大黒天が、仏教に取り込まれて飲食を与える福徳の神となり、日本では大国主命《おおくにぬしのみこと》と合体して、台所の守護神として民間に広まっていくのとも似通っている。

ミカン山の頂から地球を眺める

お山の大将われ一人。
子供でなくても，いい気分。
南に阿蘇五岳，西に鈍色の有明海，
北に筑後平野，東にこれまで歩いた道のり，
まあるい地球が霞んで見える。

鹿伏バス停⇨90分⇨御牧山頂上⇨30分⇨谷軒いっちょ願いのお地蔵様⇨50分⇨西潟⇨40分⇨清水⇨40分⇨朝日⇨40分⇨ＪＲ瀬高駅＝およそ14キロ

頂上が草地の御牧山

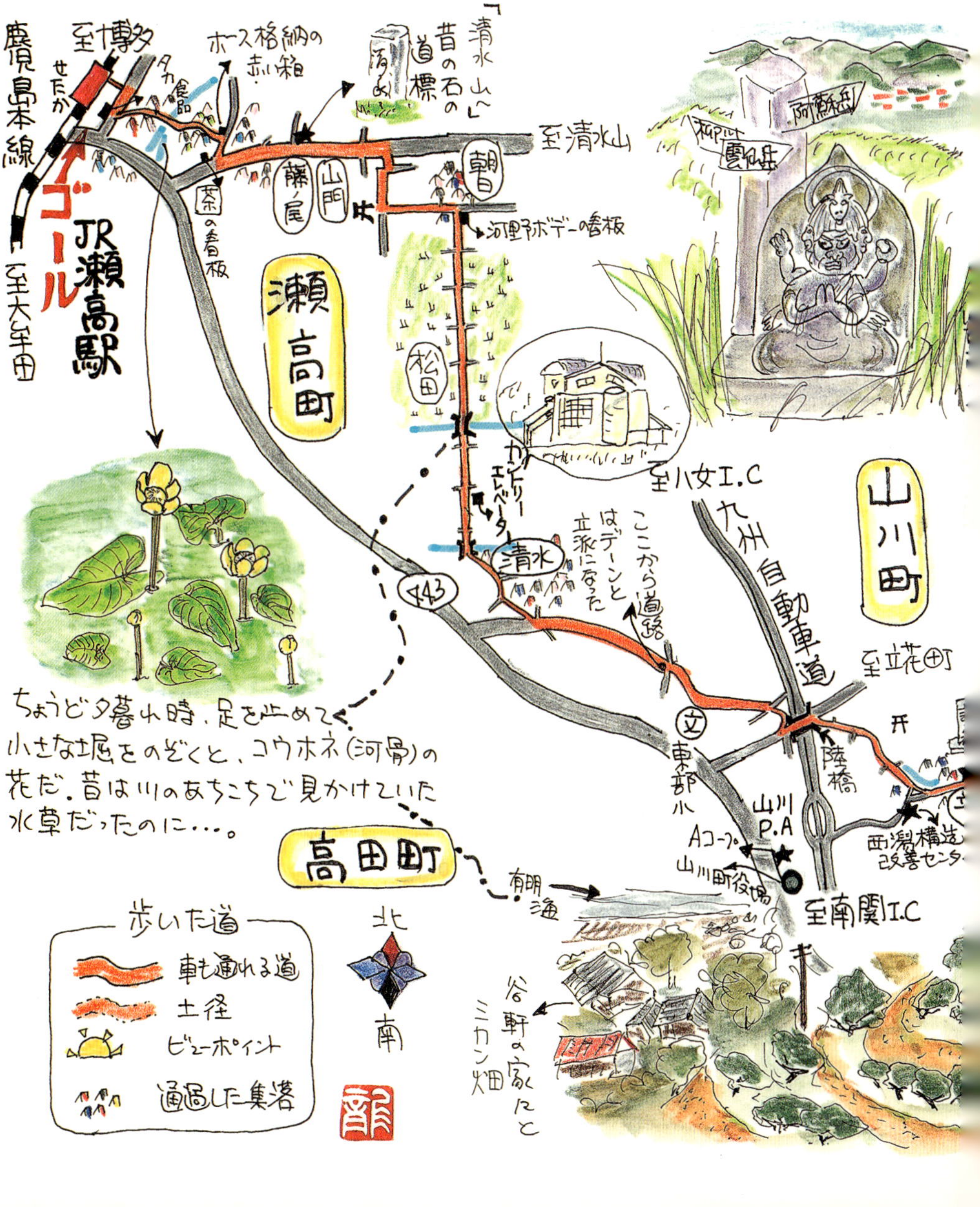

右――御牧山に上るにつれて鹿伏の集落が段々小さくなっていく
左――御牧山の東斜面は，立花町が全国でも生産量を誇るキウイが鈴なり(右)
キウイ畑はブトウと同じ棚作りなので，深緑の少し光沢のある密生した葉がまるで海原のように照り返る(左)

御牧山への遠足は実りの秋にこそふさわしい。南北に延びる稜線を境に、鹿伏《かぶせ》からの上りは一面のキウイ畑、立山への下りはリズミカルに幾何学模様を描くミカンの木が連なる。村人総出で忙しく立ち働く季節だからこそ、歩いているとその土地の豊かさが見えてくる。

立花町から山川町への道は鷹取山の北のオレンジロードと、御牧山のすぐ南の作業道と、もっと南の桜峠越の三本。オレンジロードは車のための道だからくねくね曲がってやたら長い。桜峠は昔からの足で越える道だが、峠の向こうを使う人が現在は少なくて行き着けるかおぼつかない。というわけで鹿伏からの上りを選ぶ。ただ、斜面に育てた果実やタケノコを軽トラックで出荷するため、主線と同じ幅の作業道が何本も分れて迷いやすい。畑仕事をしてる人を見かけたら、その都度、道を確認しながら慎重に進みたい。何度行ってもどういうわけか必ず一回は迷子になる。今回も上の方できれいな孟宗竹の林の中を三十分ほどさ迷った。

道沿いに続く深緑のキウイ畑が朝日の逆光に映えて、まるで海原のように連なる。ちなみにキウイは全く別種のように見えるマタタビの仲間。もともとダチョウの親類の鳥の名前だが、色や形が似てるので転用されたものらしい。収穫作業に出会ったら声をかけて、もぎたてのおいしいキウイを分けてもらおう。

この頃、同時にイヌビワの実もなっている。こちらはクワ科で、名前はビワなのに、実はイチジクの形。雌雄異株だが、両株ともつける。先端が花のように開いた方が雄、中にイヌビワコバチが寄生して実はまずい。かろうじて食べられるのは雌木の方で十～十二月に黒紫に熟しているのを見かける。もう一つ、おもし

ろい花を観察した。小さな白いアサガオだが、ずいぶんと咲く時期がずれている。その直径がせいぜい一センチほど、ままごとの花生けに似合いそうな愛らしさだった。ツクツクボウシが夏を惜しみ、トンボやアゲハチョウが秋を舞い、サワガニの子が慌て、コジュケイが飛んで逃げた。

数組の野良仕事をする人たちに谷越しに大声で道を尋ねて、やっとの思いで稜線を越える。御牧山から西は山川町、今度はミカンが枝もたわわに実っている。作業する人たちが流すラジオが聞こえて、どこにいるのかすぐわかる。その音源を頼りに近づいて御牧山への道を教えてもらったのが、「伍位軒《ごいのき》ミカンが昔から日本で一番おいしい」と自慢げな北原セイ子さんだった。

「今してるのは樹上摘果といって、目で見て良いミカンだけ残し、あとを摘み取る作業。摘果した青ミカンは焼きサンマにしぼってかけるとおいしいですよ。選別で目が疲れないかって？　そりゃね。だけどミカン山の眺めはよかでしょ、有明海も見えて、天気によっては天草の普賢岳の白煙も見渡せるもの」

辻々の二択や三択を器用に切り抜け、おいしい山清水を飲んで、ヘヤピンカーブをぐるっと回ったら五社宮下の広場。柳川藩が仙台から連れてきた種馬をもとにこの山で軍馬を育成したのでお牧山と呼ばれるようになったとか。馬主や牛飼いの間ではかなり有名らしい馬頭観音にお参りする。

社殿の裏から胸突き八丁の急な坂を登って剝げ山の頂。草地だけに見晴らしは全方向で抜群。西には有明海の向こうに雲仙岳、南にはこの間越えたばかりの福岡と熊本の県境の山脈の後ろに阿蘇の山々。渡りの途中なのか、ツバメの群れが

御牧山の頂からは有明海や阿蘇まで360度の眺め

右── イヌビワの実
左── 御牧山の西斜面はミカンが鈴なり。いわゆる山川ミカンだが，標高が高い伍位軒のミカン栽培が古いとか(右)
黄金色に染まりそうな田の中の一本道は瀬高に向かう。右の建物はこの辺りの米を貯蔵するカントリーエレベーター(左)

スィーと飛翔する。標高四〇五メートルの高みから、四方の秋を眺めながらのんびり弁当を食べたい。

次はミカンが斜面一面に植えられたすり鉢状の縁を、北西に円周を回る格好で谷軒《たんのき》の集落へ。T字の角からほんの少し入り込んで、「いっちょ願いのお地蔵様」に寄り道する。それぞれに考えに考え抜いた、たった一つの願いごとをする。「…………」。いったい何を頼んだのやら、お地蔵様は笑ってござる。

北斜面に移った麓の立山辺りも、清々しい青空にボリュームいっぱいのラジオが響く中、雛壇のようなミカン畑で夫婦連れの収穫作業が続く。大きな青い箱にまだ黄色も浅い小ミカンが次第に山盛りになっていく。ボーッと見とれてしまうような光景。どこかで早生の出荷が始まっていたら、是非とも現地で「おいしいミカン、少し分けていただけますか」と声をかけてみよう。ゴロゴロと選別機を通過し、ガタガタとトラックで運搬された都会の店頭のミカンと、もぎたての味

1つだけ願いを聞き届けてくれる谷軒のお地蔵様。派手な前垂れがよく似合う

は雲泥の差だ。

平野部に下りたら道の数が一気に増えるので、いちいち地図と見比べて確認しながら進みたい。九州自動車道を山川パーキングエリアの少し北の陸橋でまたぐ。渡ってすぐ右に曲がって斜め前方の歩道の広い新しい道へ。清水の集落の西端を通り抜け、土手を上って小さな川を横切ったら、今度は右も左も黄金色の穂を垂れた稲田の真ったただ中を一直線に北上。視界が開けて振り返ると、今下って来た御牧山の頂が薄紫の夕陽を照り返している。

山門で夕まぐれの時間帯に車が怖い幹線道路を七〇〇メートルほど歩き通さなければならないのは難点だが、これが駅までの最短距離なのでしかたない。途中、東町から住宅地の路地を突っ切ったのがよかった。何気なく小川を渡ると、夕闇に鮮やかな山吹色のコウホネの花が水面で揺れている。

桜峠＝さくらとうげ

御牧山の南の稜線が少し低くなった所が桜峠。今は立花町側に山桜があるが，サクラと名のつく峠は全国に見られ，サは接頭語でクラは山稜や谷を指す古い言葉だという説もある。本当はどうなのか山川町郷土史家の築地原正英さんに尋ねたら，この道は確かに古く，峠に昭和40年代まで麓からも見えるマツの巨木が立っていたと教えてくれた。ここでも音に字を当てたようだ。

▶国土地理院１／25000地形図＝野町，柳川
▶現地への交通手段
行き☞ＪＲ博多駅鹿児島本線特急→羽犬塚駅，堀川バス羽犬塚（乗り場は駅の左前方）→八女福島乗換→鹿伏
帰り☞ＪＲ瀬高駅特急→博多駅
▶問い合わせ先
堀川バス☎0943-23-6128，伍位軒のミカン北原セイ子☎0944-67-2075，Ａコープ山川☎0944-67-1215，立花町役場企画振興課☎0943-23-5141，山川町役場産業振興課☎0944-67-1111，瀬高町役場商工観光課☎0944-63-6111

辻々の戎と狛犬につられる道のり

次の戎は笑っているか。
今度の狛犬は逆立ちかしら。
まあ，亀まで呵吽の行。
語り継がれた小さな物語を拾い集めて，
その土地を守る人々のやさしさに触れる。

西鉄柳川駅⇨40分⇨大門橋⇨60分⇨間⇨70分⇨新田大橋⇨60分⇨川副大橋⇨40分⇨犬井道⇨60分⇨龍王宮⇨40分⇨作出バス停＝およそ19キロ

ゆるやかなクリークの流れ

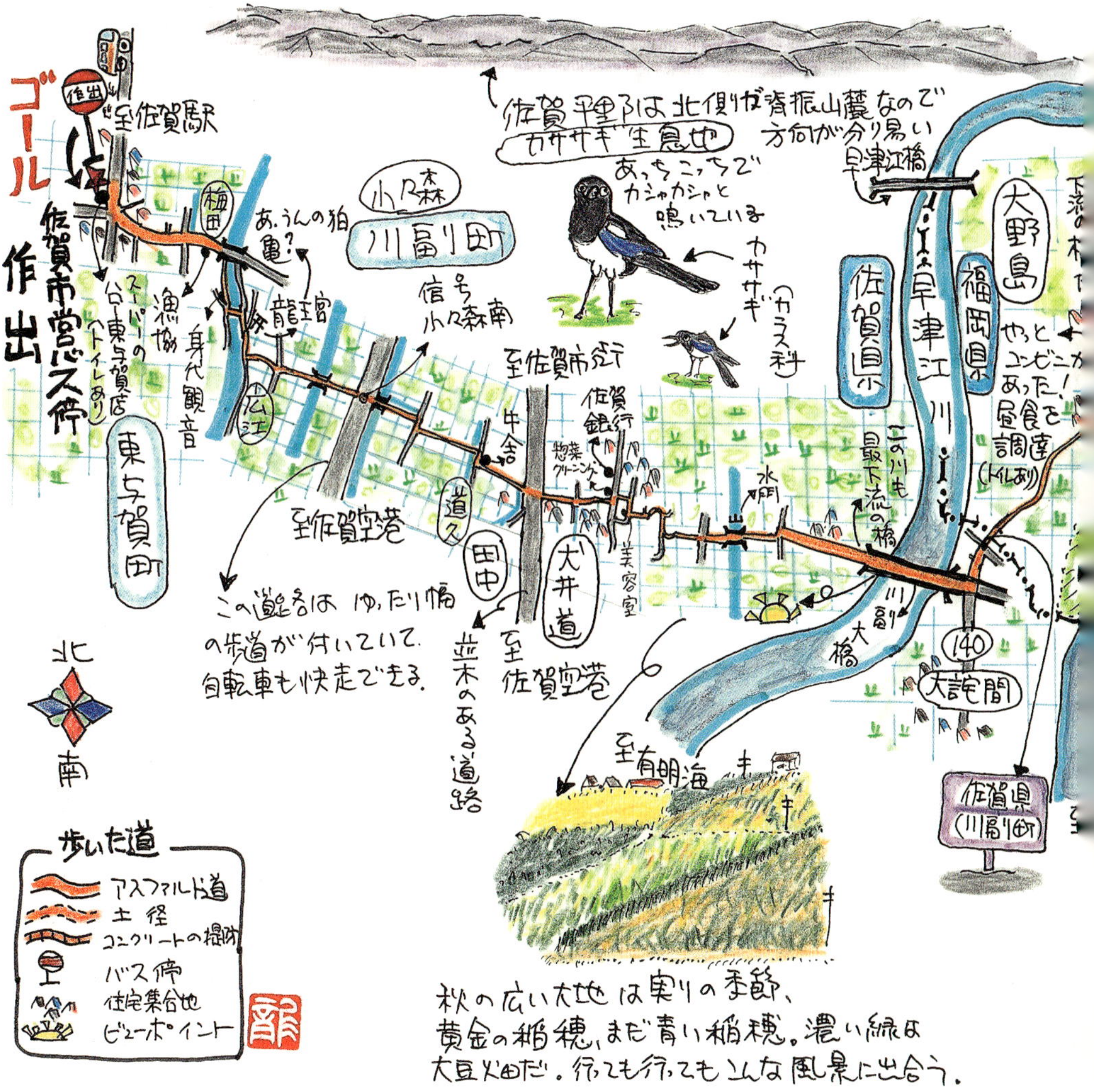

九州横断もどうにか中海の有明海までたどり着き、福岡の南をかすめて佐賀に入る。ここは佐賀平野の真っただ中、行けども行けども果てしない平地。満々と水をたたえたクリークに縁どられ、黄金色に頭を垂れる稲と、深緑の大豆畑が延々と続く。「日本はなんと豊かで平和な国なんだろう」と、ほっとする風景。

柳川市から東与賀町《ひがしよかまち》まで点在する集落をつなぐのだが、人の住む平野部を歩くからといって侮るなかれ。歩いて気持ちいい車の少ない道沿いに、店はない。決して飲み水と弁当を省略しないように。もう一つ、トイレ配分も慎重にしなければ困り果ててしまう。駅や公共施設では必ず用を足しておくという心構えが必要だ。ただ安心なのは、道に迷えば気軽に尋ねられること。「寄り道や遠回りも遠足の楽しさ」と、おおらかな気持ちで柳川駅をスタートしたい。

柳川の中心街に入る手前で、広々とした境内の三柱神社を突っ切る。裏で沖端《おきのはた》川の堤防に出るのだが、ちょうど具合よく潮が引いていた。無数の小さなカニが潟の穴からはい出している。ハゼなのかムツゴロウなのか、泥の上をピョンピョン、ヌルヌル飛び跳ねる。となると水鳥たちも活気づいていて、白いコサギや一周り大きなアオサギが大忙しで朝食中だ。取っても取っても食べきれないといった様子、見ているこちらとしても切りがない。

枝光には昭和の終わり頃まで国鉄佐賀線が走っていた。昔の軌道敷きに沿った裏道に面影が残る。沖田辺りは家具製作所なのか大きな工場が点在する。舟大工の技術を活かして大川で指物が作られるようになったのはかなり古く、室町時代のこと。明治期には唐細工の手法も取り入れ、昭和三十年代の引き手なし箪笥が

右── 沖端川の干潟で朝食中のアオサギ（右）
旧国鉄佐賀線に沿った裏路地に昔の風情が残る（左）
左── 早津江河口近くの漁船の係留。干潮になると水に浮いていたはずの船が泥の上にある

一大ブームを引き起こし、日本有数の家具産地として名乗りを上げた。

祭日だったのでクリークでのんびりと釣り糸を垂れる男たち。川筋によってはホテイアオイが一面を占拠し、かわいらしい薄紫の花を咲かせている。一カ所だけ見つけたござ工場、ガッタンガッタンと畳表を編む機械の音が響いてくる。少し前までは一帯が藺草《いぐさ》産地だった。藺草を横糸に、ヘラノキの甘皮を縦糸に織った掛川と呼ばれる美しい色や模様の花ござも生まれている。今では青緑にサワサワなびく藺田は探さなければ見つからないほど減ってしまった。

有明海周辺の漁師町には道の辻々に小さな戎が祀られている。神社の狛犬もそれぞれに個性的で、鳥居を見つけるたびにここのはどんな姿だろうかと、ついつい立ち寄る。干拓ラインに沿って弓形に曲がる道を新田まで。正面の神社の狛犬は玉を押さえた吽形《うんぎょう》の乳房に子犬が吸いついていた。もう一頭、玉の後ろにも寝そべる。親は金色の目と牙をむいて毅然とし、子は四つ脚の間に小さくうずくまっているので、しっかり観察しなければ見落としそうなかわいらしさだ。

パン、パンという銃声とともに四人の子供たちが飛び出してきた。

クリークにすむ巨大なコイを生け捕った

「この沖龍《おきりゅう》神社境内でよくサバイバルゲームをするんだ。僕は中学二年で、仲間には小学生も混じってます。ルールは特にないけど、命を賭けたバトルロワイヤルってとこかな」と意気込む。ごっこをして元気に外で遊んでいる子供たちは久しぶり。

ミニシクラメンのビニールハウスを横目にちょっとした坂を上る。と突然、眼前にとてつもなく巨大な筑後川が出現。その大きさを予測していなかったものだから、驚きで足が止まる。漁を終えて沖から帰ってくる時間帯なのか、後ろにボートを引いた漁船が河口から何艇も入って来た。

赤い橋が筑後川の一番川下にかかる新田大橋、徒歩で渡ってみるとかなり長い。大野島を南下して福岡と佐賀の県境をまたぐ。ここもやはり早津江川を最も南の川副大橋で渡る。大詫間《おおだくま》の屋根瓦が白日に照らされて銀色に光り、目を凝らすとその中にわら葺き屋根のくど造りの家。海路端《うちばた》の葦の葉のような白い流線形の船と好対称だ。

対岸は自然のままの葦原がやさしいカーブをつくっている。同じ曲線の土道で仕切られた先は、家一軒ない広大な田んぼ。そろそろ色づき始めた稲がその品種によって濃い緑だったり、黄緑だったり、黄金だったり、まるで田んぼ

右――新田の土手に上がると突然、巨大な筑後川が目の前に現れる。有明海沿岸では，両岸のあちこちに長い桟橋が延びた船溜りがある。真っ直ぐな太い木や竹を船のまわりに何本も立てて，干満の差が大きくて速い潮に流されないよう工夫する

左――漁師町では道の辻々によく戎や大黒が祀られている

小々森と搦＝こごもり、からみ

有明海沿岸の地名は干拓された時代を読み解く鍵。江戸時代の初め百年ぐらいの間に干拓された土地は籠《こもり》名が多く，小々森もそのひとつ。それを過ぎると搦名が増えるとか。他にも開《ひらき》，授《じゅ》などが水紋のように海の方向へ層をなす。

▶国土地理院１／25000地形図＝柳川，羽犬塚，佐賀南部

▶現地への交通手段

行き☞西鉄福岡(天神)駅特急→柳川駅

帰り☞佐賀市営バス作出→佐賀駅前，ＪＲ佐賀駅特急→博多駅

▶問い合わせ先

福岡県三橋町役場経済課☎0944-72-7111，柳川市役所商工観光課☎0944-73-8111，大川市役所インテリア課☎0944-87-2101，佐賀県川副町役場企画商工課☎0952-45-1111，東与賀町役場産業課☎0952-45-1021，佐賀市営バス☎0952-23-3155

のパッチワークのようにおもしろい模様を描く。

犬井道は領主争いが頻繁だった戦国時代に干拓が進んだのではないだろうか。クリークに取り囲まれた町並は複雑に入り組み、まるで迷路のよう。体を張って汗を流してやっと造成した土地の守護を願う神社があちこちに点在している。歩いていて海を一度も目にすることはできないのだが、ノリ工場やクリーク沿いに干した魚網に、有明海はすぐそばにあるという気配を感じる。田中から、それこそ田の中に出た。ここから二キロ半先の広江まで人家は少ない。道久のクリークで近所の男の人が、投網で四、五〇センチはありそうなコイを生け捕っていた。「近頃ではここら辺りでもこんなのは珍しいよ」と持ち上げて見せる。

やがて大豆畑へ突入。農地整理が進んでいるのか、クリークで仕切られた田畑一枚がきれいな四角でとても広い。遙か彼方の地平線の線上に一直線で家が並ぶ。と突然、並み木に守られた歩道に縁どられた二車線道路と交差。なぜこんな所にと考えていたら、佐賀空港に思い至る。文明の利器がのどかな風景を切り裂いて通る。梅田からは幹線の環状道路の端を行くので厄介。しかし、佐賀駅へ北上するバスが作出《つくりで》を通っているので仕方ない。

大分・五所明神

熊本・松尾神社（上）と，佐賀・龍王宮の亀

ひょうきんな狛犬といとおしい猫神

佐賀県の神社の狛犬の観察はなかなか興味深い。山門の左右に納まる仁王と同じ立場だが、脅す役割を背負っていないので、もっとおおらか。脇役だから作り手の自由な発想がそのまま活かされる。前脚を立てたり、うずくまったり、逆立ちしていたり、乳を飲ませていたり、子育て中だったり、それぞれに表情が豊か。

魔除けと守護と装飾を兼ねたこの置物は、大陸では百獣を威圧する象や獅子だった。まず王朝時代に高麗《こうらい／こま》から一本角の銅製が入って、本当は空想の動物、祥瑞《しょうずい》の兕《じ》だったのが、高麗犬《こまいぬ》と呼ばれた。日本にいない獅子や空想の獣を思い描くことはできず、警戒心に富んだ邪魔物を追い払う犬の性格も重なった誤解だ。

佐賀・白石の猫大明神

佐賀・納所住吉神社御旅所（上）と，佐賀・厳島社

熊本・松尾神社(上)と，佐賀・龍王宮の亀

大分・五所明神

一口で狛犬といっても、犬の一対、兕の一対、犬と獅子の一対、獅子の一対、犬と獅子の合体した姿などさまざま。一般には右が口を開けた阿形《あぎょう》、左が口を閉じた吽形《うんぎょう》だが、たまには両方口を開けているのも。阿、吽は梵語の音訳でアは口を開いて出す初声、ウンは口を閉じて収める終韻で、この二字を宇宙の初めと終わりを表す根本真理とする。というわけで、阿吽の呼吸は事の終始に通じる意味になるらしい。

白石の猫大明神の生前の名はコマ。「藩主に殺された息子の敵を討て」と自分の生き血をなめさせて自害した老母の恨みをはらそうとしたらしい。白いコマが化けたのは見とれるほど美しい女だとか、ひょっとすると雌猫だったのかもしれない。結局は哀れにも志半ば、槍で突かれて死んでしまった。

佐賀・納所住吉神社御旅所(上)と，佐賀・厳島社

佐賀・沖龍神社の乳を吸わせる狛犬

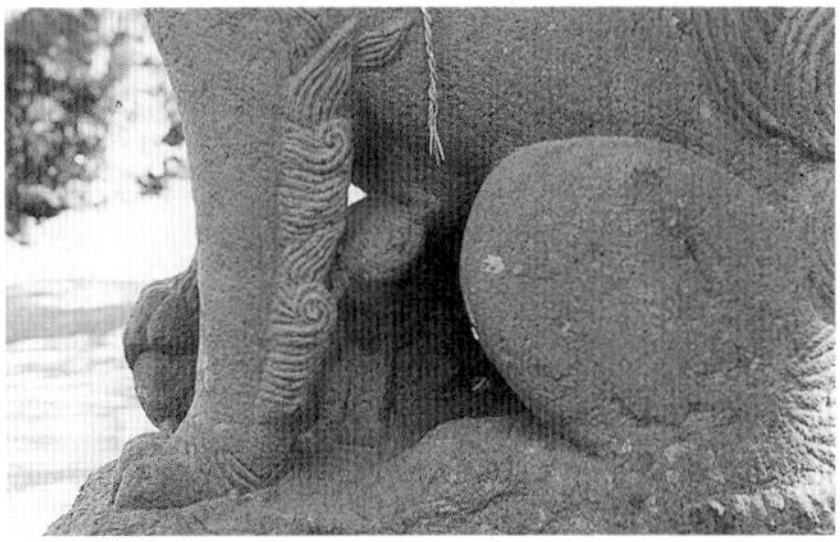

蛇行する流れに付かず離れず

水は高い所から低い所へ
素直に流れるはずだけど，
この六角川はへそ曲がり。
曲がりくねって輪までつくりかねない天の邪鬼。
いっそふざけて，いっしょに遊んでみようか。

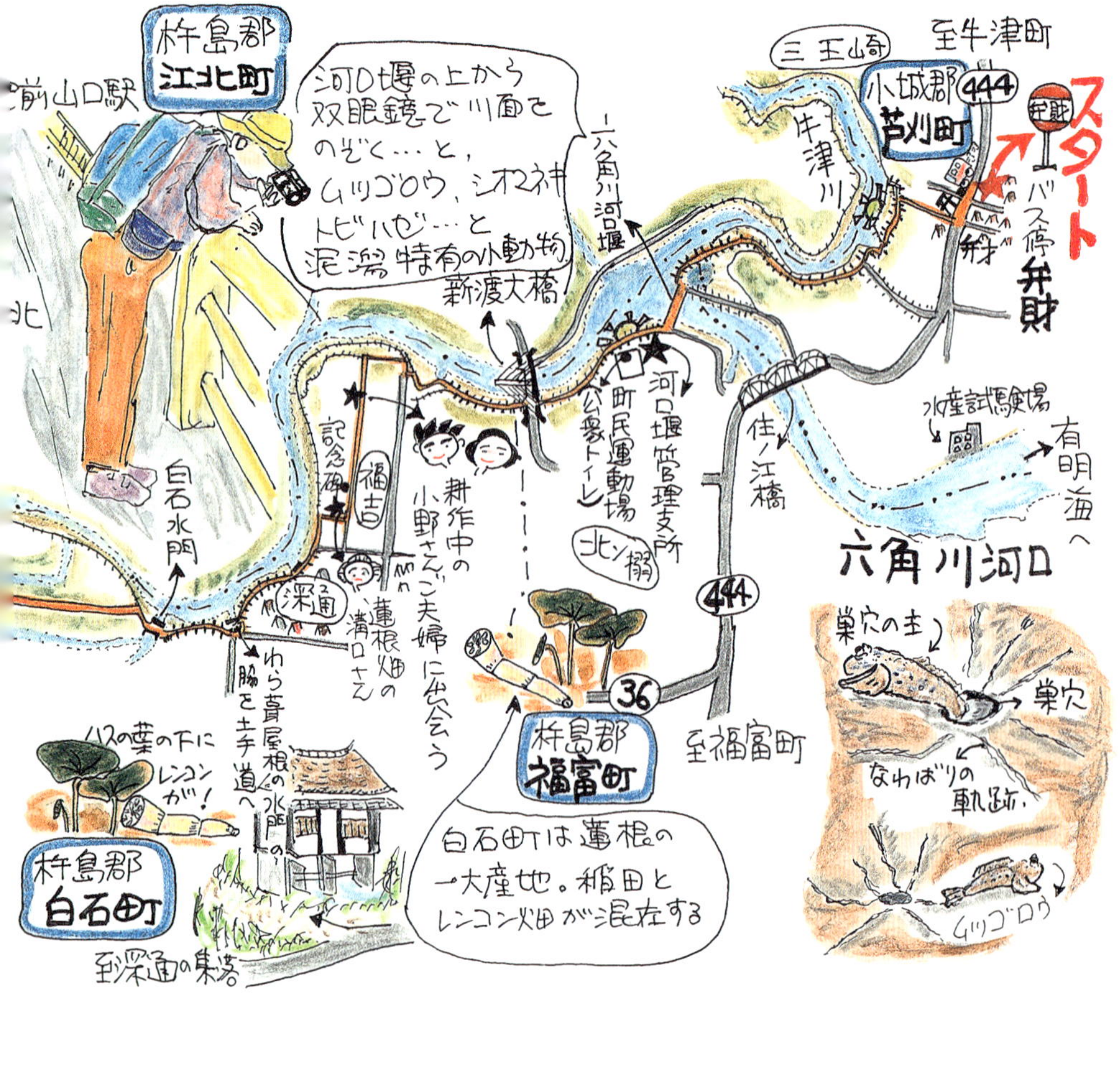

弁財バス停⇨30分⇨六角川河口堰⇨80分⇨深通⇨80分⇨東郷⇨25分⇨猫大明神⇨25分⇨東郷⇨80分⇨大町橋⇨70分⇨ＪＲ北方駅＝およそ20キロ

六角川に映える夕日

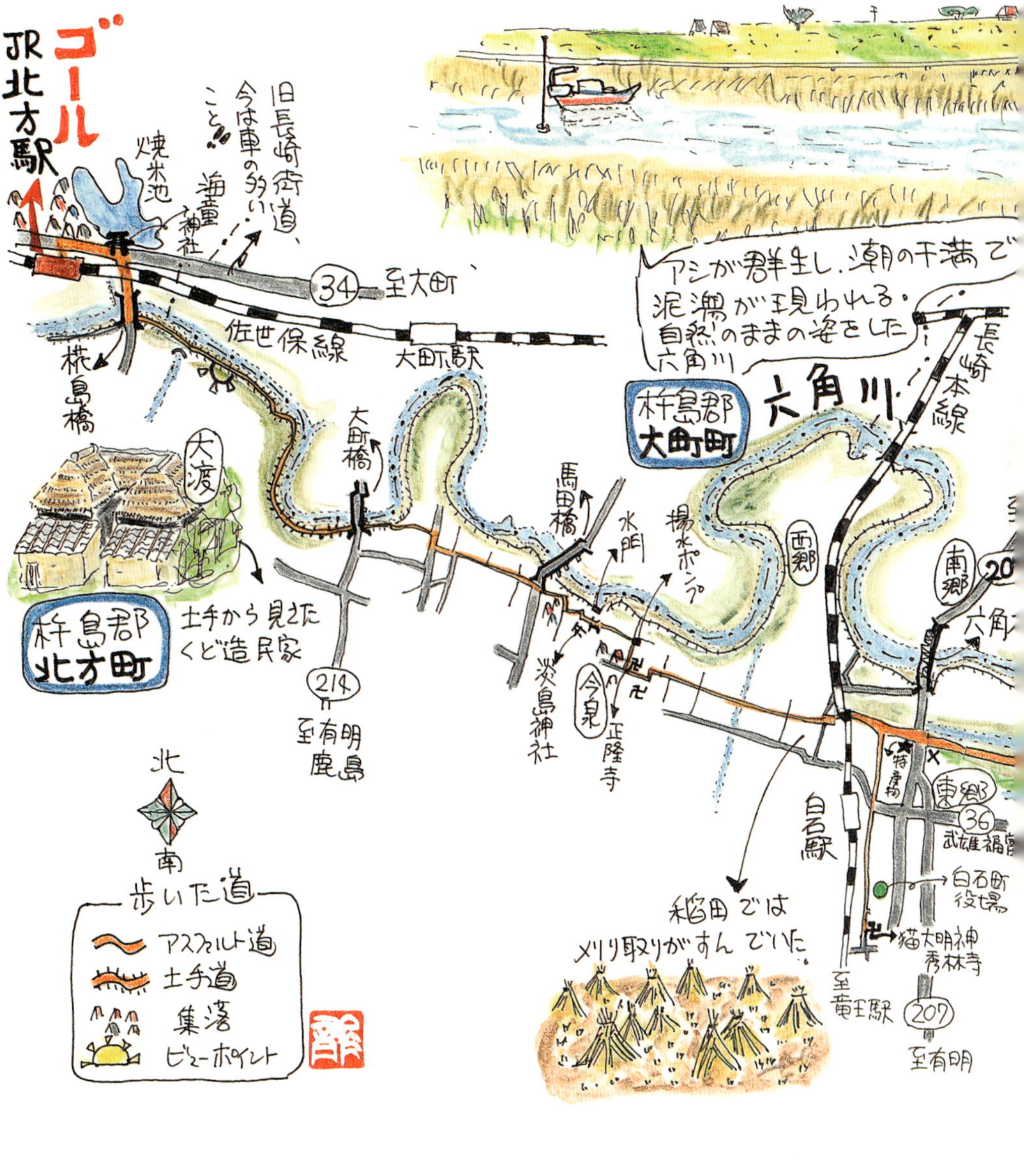

この川の河岸に沿って歩きたいと、地図を見るたびに思っていた念願がやっと叶った。くねくねどころかグルリと輪さえつくりかねない六角川の曲がりくねった流れは、それほど魅力的な形をしている。調べてみると、これが筑後川と同じ一級河川とか。河口から二九キロ上流まで潮が入るという、ちょっと変わった川相もおもしろそうだ。

六角川は山頂で山内町と武雄市が接する標高四四七メートルの神六山《じんろく》に源を発し、住ノ江の河口まで約四七キロ。日本有数の緩流蛇行河川で、流路は山地が短く、平野部に出ると時代を重ねて干拓された低平地を限りなく緩勾配で流れ下っていく。昭和三十年頃までは葦の群落越しにゆっくり進む帆船の姿が白石《しろいし》平野の風物詩だったらしい。

弁才でバスを降りて、すぐ西に折れる。土手を上ると六角川の支流で北から注ぎ込む牛津川に出た。一帯がサワサワと川風に揺れる葦原、手前では黄色いピラミッド形の花で天を突くセイタカアワダチソウの群落がいっしょに揺れて同調する。昔ながらのおだやかな川の流れにほっと心がなご

右── 地域地域で刈り取った稲わらの積み方が違う。六角川周辺は軍隊のようにザッザッザッと行進する足音が今にも聞こえてきそう

左── コンバインの後を首を伸ばしたサギがついて回る。稲穂に隠れた場所にコサギも数羽控えていた

右 ── 朝もやに霞む六角川河口の住ノ江橋
左 ── 水のジェット噴射でレンコンを掘り当てる

む。まずは川下の六角川河口堰に向かう。

まもなく眼前に立ちはだかる巨大な橋を兼ねた堰。有明海の一番奥に位置するため、この辺りの干満の差は五、六メートルもあるとか。潮が満ち始めたばかりらしく、川面の中央には内陸に向かう潮が渦を巻くけれど、両端の広い範囲にまだ干潟が残っている。

泥色に目が慣れるに従って、潟土のあちこちに生き物が動くのが見え出す。ニョロニョロとムツゴロウのひょうきんな動き。その間を小さなシオマネキがササッと横切る。トビハゼもいっしょにいるはずだがと探す。激減と聞いて気になっていたムツゴロウがうじゃうじゃいて一安心だ。

ムツゴロウはスズキ目ハゼ科。体は潟土と同じ泥色だけど、きれいな青緑の点々がとても鮮やか。二枚の背びれを広げてバランスをとりながら、干潟の表面をくねって歩く。中央に水のたまった巣穴があって、その周辺を花びらのような軌跡を描いて、忙しそうに行ったり来たり。一方のトビハゼも同じ仲間で、同様に目は上に出て、垂れ口、

ただ背びれが一つ。全体が少し透明感のあるベージュで、胸びれを使って飛ぶように前進、驚かすと水中に逃げる。

もっと数の多いシオマネキは十脚目スナガニ科の赤味の混じった小さなカニだ。雌は両手とも小さいが、雄は成長すると一方のハサミが巨大化。巣穴に雌を誘い込むディスプレイで、まるで潮を招くかのようにこの手を上下に動かす。佐賀地域では潰して塩と唐辛子で漬け込んで、がん漬けというおいしい酒の肴を作る。

この河口でぜひ探したいのがミルマツナ、地元ではシチメンソウと呼んでいる。潟から土手の間に繁茂する草がこれだろう。十一月頃には全草真っ赤に紅葉するとか。列記した四種すべて、河口堰の上

右 ── 大渡の田んぼの真ん中にこぢんまりとまとまった社
上 ── のどかな土手道は武雄まで続き，至る所でコスモスが秋風に揺れている
下 ── 干潮時なら下一帯が潟になる六角川河口堰

東郷＝ひがしごう

ジーッと地図を見てたら，西郷《にしごう》の東に南郷《なんごう》があって，その南に東郷がある。東西南北がめちゃくちゃ。白石町は北側の町界線である六角川の西と東で西郷，東郷を決めたとか。南郷は江北《こうほく》町の南端にある集落だからということらしい。つまり基準が異なる東，西，南が馬蹄形に蛇行する川を挟んで偶然集まっただけ。その証拠に東と西は訓読み，南だけ音読み。無理やり関連づければ，足りない北は，江北か北方だろうか。

から見下ろした潟に観察できる。じっくり見るには倍率の高い双眼鏡が欲しいところだ。

　少し高い土手道を歩きながら、右の川面と左の耕作地を両眼で同時に見ると、どうも川の水位の方がかなり高い。農業用に地下水を汲み上げすぎて土地が沈んだらしい。そのうち稲田が減って、ハス畑がだんだん増え始めた。ここは白石、全国に名高いおいしいレンコンの産地。ちょうど収穫期なので様子を聞こうと農道に入った。

「この辺りの畑はレンコン、タマネギ、米が多か。ハスの花ってや。鑑賞用ほど花の数は多なか。根を太らさんならんけんね。レンコン掘りも昔のごと手掘りじゃなくて、水を噴射させて泥を吹きのけて掘り出すと。今ならあの先で

右── 秀林寺の猫大明神
左── 大渡の農家は1戸1戸の棟が大きい。よほど土地が肥え，米の収穫量が多くて豪農ばかりなのだろう

収穫しよろうや。今ん時期、白石に来たなら、ぜひともハスの収穫ば見ていかな」とかなり強引な小野勝弘さん。

「すぐそこ、ほんなそこ。ほかじゃ、見れんばい」と発破をかける夫の横でとしえさんが、収穫中のレンコン畑まで一キロ強も遠回りすることになった私たちを笑って見送る。

福吉の集落では畑に出ていた溝口喜美代さんと話す。「レンコンの収穫がすむと、種レンコンのきれいかとば一反分ぐらい畑の一画に残しとかんばでけんと。ところが十一月頃からカモが飛んで来るもんね。ほんな先のおいしかとこば食べてしまうと何もならんけん、網を張ってみたり、人間とカモとの知恵比べよ。こまかばってん、キンピラにちょうどよかとば少しあげよう」との親切な申し出を、惜しいことに「遠足の先が長いので……」と辞退してしまう。

ここでぜひとも寄り道したかったのが猫大明神。白石町役場近くの秀林寺境内の小さな石の祠の中、刻字の下にご神体がくっきりレリーフされていた。だがしかし、見据えた目の両端はつり上がって、とがった耳

六角川の葦原はスズメのお宿，次々に数が増えて全員集合。夕焼け小焼けで日が暮れる

元まで口が裂け、強固な意思を示すかのようにぐっと前足を踏ん張る。というより何より、尾が先の方で七支に分かれる。これはまさしく猫股《ねこまた》。いってみれば神と魔は表裏一体。それが証拠に、物の怪になってまで主の無念をはらそうとしたけなげな猫が、時を経て猫大明神としてよみがえっている。

ぐるりと五倍は距離が長くなる蛇行部分を避け、再び土手に上がるのは大町橋あたり。ここから有明海は見えないけれど、昔は六角川の南ほとんどが海の底、時の仕業も人の力も本当にすごいと高みの見物。

次第に日が傾いて、葦原のねぐらにスズメが寄り集まって来た。行けども行けどもチュンチュン、ジュクジュク、うるさいぐらいの数。確かにここは穀倉地帯だが、これだけのスズメが米粒をついばめばたまらない。と見渡せば、田んぼに取り囲まれて点在する一戸建ちの農家はどこも大屋敷。これくらいのスズメには動じない、実り豊かな土地柄なのだろう。

夕陽が六角川の泥土を銀色に染め、おおいつくす葦穂を金色にたなびかせる。名残の陽光にせかされながら、北方駅から各駅停車の電車に乗った。

▶国土地理院1／25000地形図＝牛津，武雄
▶現地への交通手段
行き☞ＪＲ博多駅長崎本線特急→佐賀駅，祐徳バス佐賀バスセンター福富行き6番→弁財（地名とバス停は字が異なる）
帰り☞ＪＲ佐世保線北方駅→佐賀駅，佐賀駅特急→博多駅
▶問い合わせ先
祐徳バス☎0952-29-8137，芦刈町役場地域振興課☎0952-66-1211，福富町役場企画課☎0952-87-2111，白石町役場産業課☎0952-84-2111，北方町役場企画課☎0954-36-2511

煙立ち昇る桃源郷を行く

徐福が遙々求めた蓬莱が
こんな近くにあったなんて誰も知らない。
街道の宿場町を素通りし,
ご免なさいと閻魔大王の横をすり抜け
蓬莱山を越えて鳥海に出たら,
稲わらを焼く煙が真っ直ぐ昇っている。

ＪＲ高橋駅⇨40分⇨閻魔坂⇨40分⇨富津原林道入口⇨80分⇨福和⇨40分⇨長谷⇨50分⇨鳥海⇨40分⇨ＪＲ三間坂駅＝およそ15キロ

目指すは蓬莱山

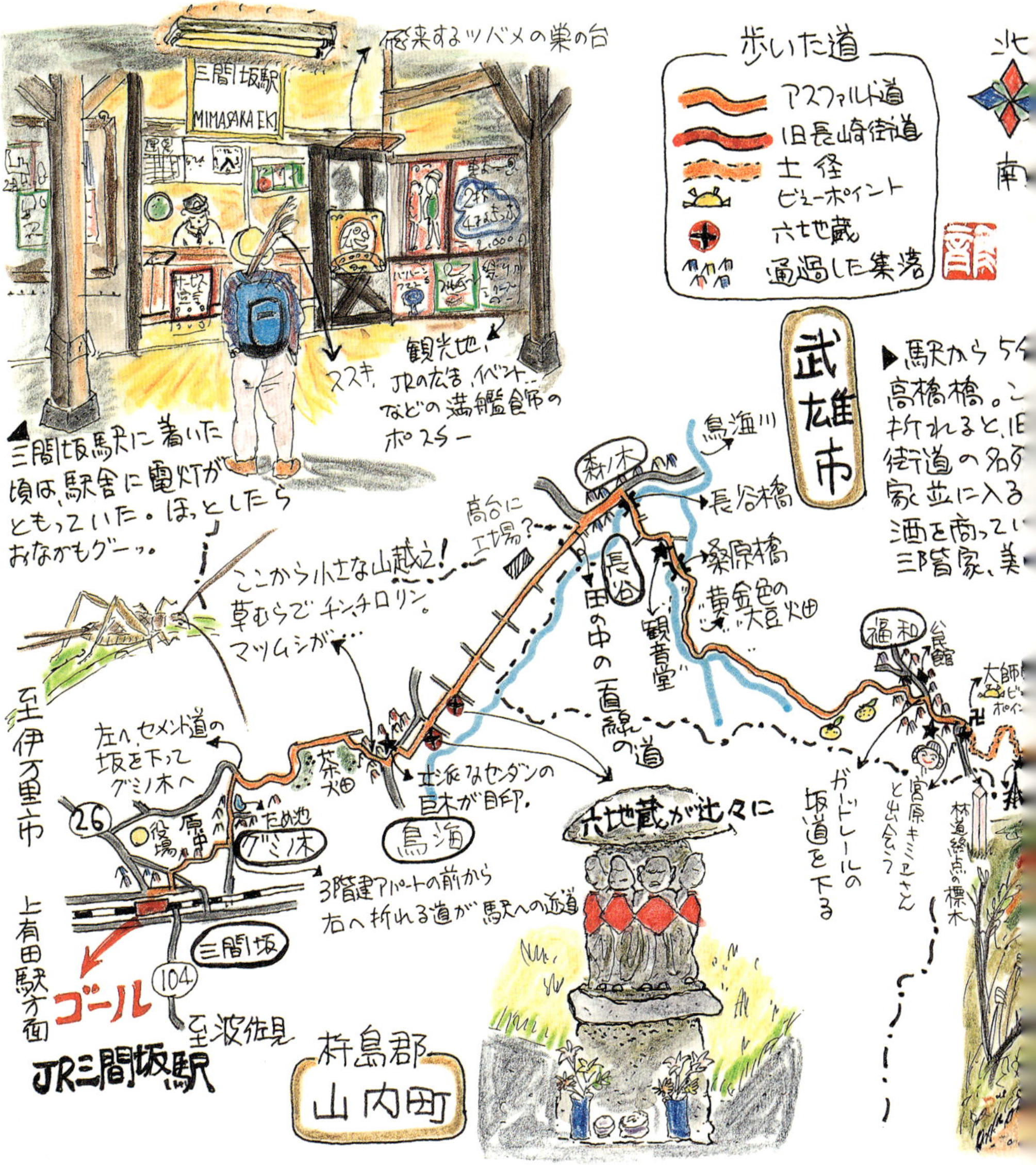

飛来するツバメの巣の台
三間坂駅
MIMASAKA EKI
観光地、JRの広告、イベントなどの満艦飾のポスター
ススキ
▶三間坂駅に着いた頃は、駅舎に電灯がともっていた。ほっとしたらおなかもグーッ。
歩いた道
アスファルト道
旧長崎街道
土径
ビューポイント
六地蔵
通過した集落
北
南
武雄市
▶駅から5分…
高橋橋。こ…
折れると、旧…
街道の名…
家並に入る…
酒を商ってい…
三階家、美…
鳥海川
森ノ木
長谷橋
高台に工場？
桑原橋
長谷
黄金色の大豆畑
観音堂
田の中の直線の道
ここから小さな山越え！
草むらでチンチロリン。マツムシが…
福和
公民館
大師
ビューポイント
至伊万里市
左へセメント道の坂を下ってグミノ木へ
茶畑
立派なセダンの巨木が目印。
鳥海
ガードレールの坂道を下る
宮原キミエさんと出会う
林道終点の標木
26
役場
原中
ため池
グミノ木
3階建アパートの前から右へ折れる道が駅への近道
六地蔵が辻々に
上有田駅方面
三間坂
104
ゴール
至波佐見
JR三間坂駅
杵島郡
山内町

右── かつては長崎街道の往来と有明海からの荷揚げで賑った高橋，道沿いにどっしりした構えの町家が並ぶ。ガラス戸越しに中をのぞくと，どうも老舗の酒屋らしい
左── 農家の庭先に収穫したばかりのアズキ(右)
蓬莱山の南麓で見つけたムベ(左)

これを日本の美しい里の風景というのだろう。晴れた秋空の下、ポツンポツンと人家が点在し、広々とした田畑のあちこちから稲わらを焼く煙が立ち昇る。歩調もいつしかのんびり、排ガスの心配なしにおいしい空気を思いっきり吸い込む。道沿いには鮮やかな黄色のツワブキの花が続き、要所要所でやさしい顔をした地蔵が微笑みかけてくる。

明治の後半に鉄道が通るまで、舟が潮の満ち引きに乗って、有明海から二〇キロも入った高橋へ六角川をさかのぼって来ていたらしい。荷を満載した舟がぶつからないように高い橋をかけたのが地名の起こり。「一（市）は高橋、二（荷）は牛津」と言われ、陸揚げされた舟荷で月に六回もの市が立っていたという。

今はその賑いはないが、どっしりした町家のたたずまいに栄えた当時の面影を偲ぶ。長崎街道への曲がり口の雑貨屋さんにわらじを見つけた。夏の沢遊びにちょうどいいので買い求める。天満宮に「見猿」「聞か猿」「言わ猿」の三猿の木彫、老舗の造り酒屋の土間に巨大な陶製の酒入れ、家ごとの格子や鬼瓦に目移り。享保橋を渡ってそのまましばらく街道をたどる。

稲刈りの終わった甘久《あまぐ》の田んぼを突っ切った後に上る坂が閻魔《えんま》坂。曲がってすぐ左手上の広場に閻魔大王が東をにらんで座っていらっしゃる。秀吉の朝鮮出兵に従軍した後藤家信という武雄領主が、船の重石に持ち帰った石仏とか。伊万里の港から運んで来たものの、この坂で押しても引いても動かなくなった。「ここに祀れということだろう」と安置したと言い伝える。四百余年の風雪にさらされてすっかり摩滅し、恐ろしいはずの閻魔大王なのに柔和な印象なのがおかしい。

山の中腹に見える円応寺《えんのうじ》は室町時代に開山された曹洞宗の寺で武雄鍋島家の菩提寺、参道入口に不思議な形の門がまたぐ。枝だけになった見事な桜並木を右に見て、蓬萊《ほうらい》山の南麓をつなぐ富津原線の林道に入る。ほんの少し上り勾配の道を右に曲がったり、左に折れたり、大樹の間でたっぷり森林浴を楽しもう。一番高い所でも標高二〇〇メートルほどだから気楽なもの。

途中で砂利道に変わり、白い家と製材所の間を抜ける。やがて土道、ラジオの声が聞こえたと思ったら、後ろから宮原敏安さんに追いつかれた。

「僕は毎日この道を千三百歩、一時間かけて歩いてる。医者に言われてリハビリよ。始めてもう三季節が巡った。今頃はグルベの実がたくさんなってる。この杖は自分でツバキの枝を削って作ったんだ。柄の所の模様がきれいだろ。ほら、これは子連れイノシシの足跡」と、草の倒れた所をステッキで指して教えた。

グルベとはムベのこと。アケビ科で、実が五センチと小さく、熟すと赤紫になる。一方、アケビの実は一〇センチほどあって、こちらは熟すとパカッと縦に割れる。どちらも食べておいしいのは真ん中の種を包んでいるトロトロの部分。いも虫のような形態をしているので、頰張るには少々勇気がいる。

途中、あちこちに赤や黒の色鮮やかな木の実。クリはイノシシが食べたのか、イガだけが落ちている。熟れたムベを見つけたが、高くてとても手が届かない。時折、開けた所から武雄温泉あたりが見え隠れする。道すがら蓬萊山の四季を話してくれた宮原さんは、林を出た所で引き返して行った。

草道におおいかぶさってトンネルをつくるノブドウの巨大な茂みには驚かされ

右 ── 蓬莱山の南麓を行く気持ちいい林道富津原線の西の端近く，ここを越えると福和の里
左 ── 鳥海辺りではわらを焼く白い煙があちこちから立ち上って里山に風情を添える

る。ブドウと同じ蔓性の落葉樹で、秋に青、緑、白、紫と色変わりする実をつけ、まるで宝石のように美しい。送電線の下をくぐって、右上に小さな大師堂の清滝寺、本尊は薬師如来で山内四国第三十五番所とか。境内から福和の集落越しに黒髪山を遠望する。

セメントからアスファルトに変わる三差路で右に折れ、集落に入って左の一軒目で畑仕事に出ていた宮原キミエさんに道を尋ねる。

「あン山（蓬莱山）はあんまァ、紅葉せんね。シイの木ばっかやけん。ほう、円応寺《えんのじ》の方から来たあ。あの寺は桜の名所よ、きれいかばい。とにかく三間坂駅さんにゃ、長谷の家のあるとこまで出て、お観音さんのお堂が道にある。その横っちょば通って行くぎに、製材所がある。ずっと行くと橋ば渡って……」

教えてもらった目印はすべて正確で、おかげで迷わず三間坂駅に到着できた。偶然出会った二人の苗字は同じ、でも親戚でも、知り合いでさえないという。

家々の間の急な坂を下って、道がカーブしたと思ったら、眼前に再び黒髪山が現れた。川沿いにゆるやかな下りを長谷まで、鳥海川《とのみ》に出合う辺りは一面の大豆畑が黄色に色づいている。森ノ木で三〇〇メートルほど幹線道路を歩き、Ｙ字で鳥海川に近い方を選んで、今度はどこまでも平らな田んぼの中の車のいない一本道を二キロほど夕陽を浴びて進む。途中、右の崖上に黒々とした巨大工場、まわりののんびりした里山風景に不気味な威圧でのしかかる。

あくまでも真っ直ぐ歩き継いでいると、四つ辻ごとにかわいらしい六地蔵が出迎えてくれる。行き止まりを右に曲がったら、大きなセンダンの樹がのびのびと

▶国土地理院1／25000地形図＝武雄，有田
▶現地への交通手段
行き☞ＪＲ博多駅長崎本線特急→肥前山口駅，肥前山口駅佐世保線普通→高橋駅
帰り☞ＪＲ三間坂駅普通→肥前山口駅，肥前山口駅特急→博多駅
▶問い合わせ先
武雄市役所商工観光課☎0954-23-9237，山内町役場産業課☎0954-45-2511

蓬莱山＝ほうらいやま
理想郷の蓬莱に不老不死の薬を求めた徐福という中国人がいた。秦の始皇帝の第3皇子で，紀元前219年春に船で伊万里に上陸。黒髪山を経て，蓬莱山に至るが手に入らず，有明海を横切り，再び金《きん》立《りゅう》山に登って，ようやく仙人からその在りかを教わる。蓬莱山と名のつく所はここだけだと，地元の人は胸を張って主張する。

グミノ木へ上る坂から見返った鳥海の集落

枝を広げている。小さな社の守り樹で、その先から最後の坂に挑戦。上りきった所で後ろを見返って、わらを焼く煙が白くたなびくのどかな鳥海の里山風景をもう一度、脳裏に焼きつけたい。
やがて道が平らになると下に池、この辺りがグミノ木だろうか。見回してもグミの木はない。池越しに見下ろした三間坂の町並に、ポツンポツンと電燈が灯り始めている。谷をぐるっと回って真上からかなり急な土道を池に向かって下りて行く。原中で山付きの近道を抜けて駅前通りへ。三間坂駅に着いた頃にはとっぷりと日が暮れていた。
「あっ、いいカメラ下げてますね」と、ほかに一人しか乗客のいない待合に出て来た駅長さんが声をかけてきた。普通列車が来るまで時間があったので食堂を尋ねると、「ちょっと遠いけどホームの向こうのあかあかと電気がついた平屋、あれラーメン屋さん。結構おいしいし、あすこしかないよ」と指さす。駅長さんの推薦どおり、しっかり手間をかけたおいしい味だった。

歩くのに最適な街道探し

長崎街道と豊後街道の一部を、里山遠足の道程に取り込んだ。「街道は人や馬のための道だし、距離も最短で、歩きやすいだろう」という理由からだ。江戸幕府ができて参勤交代制度を設けるとともに、古道を街道として整備する。人や物流のために宿を置き、急峻な坂は石畳にし、四キロごとの里程標を置いた。おかげで長旅も楽になる。峠も越え、山も通り、海際も歩く。こんな道を遠足に利用しない手はない。

長崎街道は長崎から小倉まで二五宿五七里。大名行列のお供に象やラクダの珍獣も通ったとか。「ここを象が通ったのかあ……」と想像しながら楽しく歩いたのは北方宿、現在の武雄市高橋、甘《あま》久《ぐ》辺り。宿場の名残も点々とあり、町外れに出ると閻魔《えんま》大王の石仏、六地蔵にも出合える。

一方、豊後街道は熊本城から大分県の久住を経て鶴崎港までの三一里、一二四キロで、当時は五日間かかったとか。今回歩いたのは、境の松から笹倉までの七キロ。スギ木立の下で石畳の坂が現存する。最近は街道に関する本もたくさん出版されているので、下調べも楽しい。

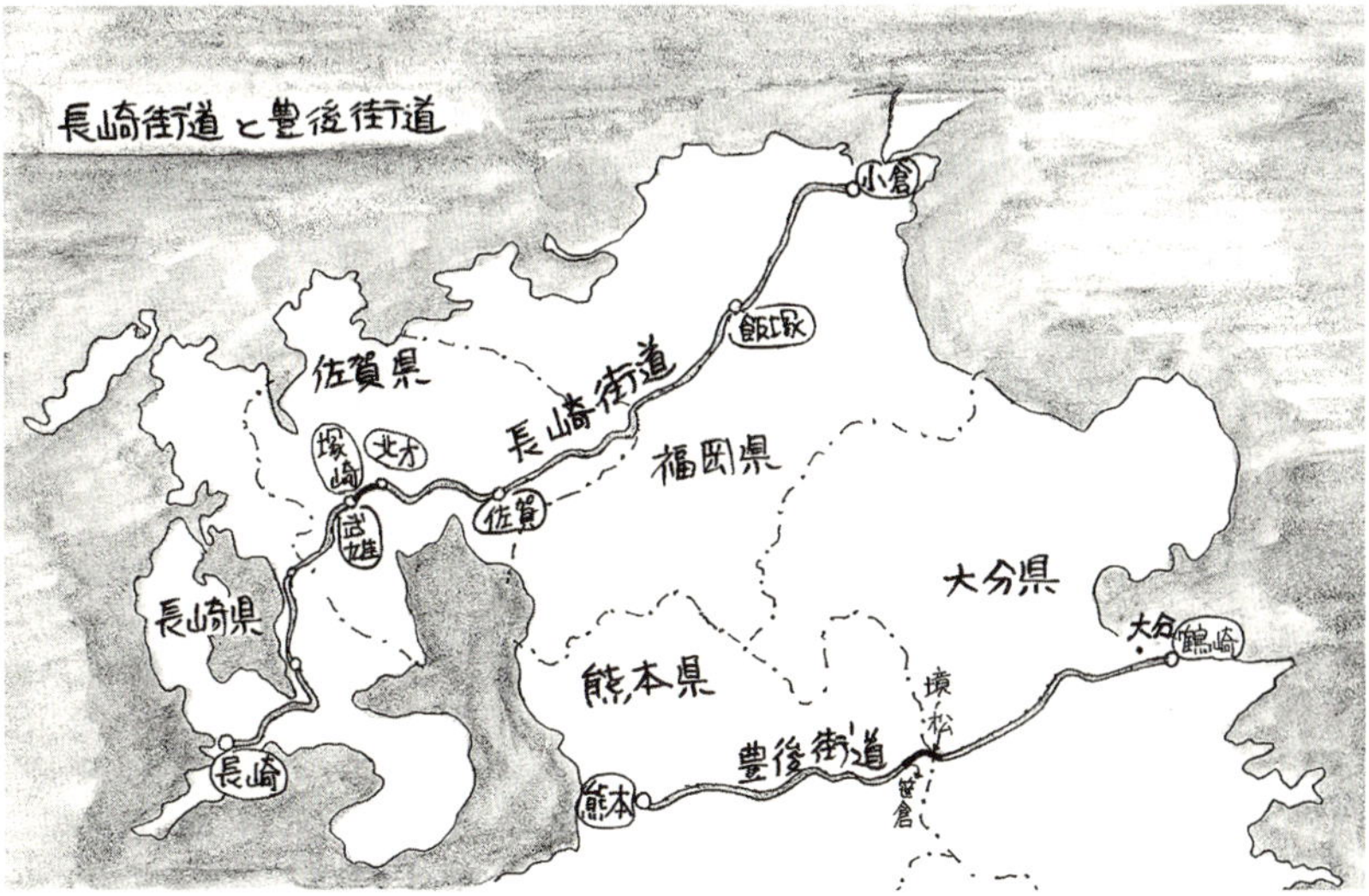

森の行者道を山駆ける

太陽を掲げた鳥居をくぐって
行者の森に分け入った。
黒々とこんもりと茂る木々，
分厚く敷きつめられた落ち葉を踏みしだいて
清らかな谷川に沿う。
そして，最後に竜門を出ると，
ありのままの自分を取り戻す。

ＪＲ三間坂駅⇨80分⇨黒髪神社一の鳥居⇨60分⇨太鼓岩不動尊⇨25分⇨西光寺⇨50分⇨見返峠⇨80分⇨大竜門⇨30分⇨竜門ダム⇨60分⇨松浦鉄道西有田駅＝およそ13キロ

巨大な不動明王がにらむ

右――黒髪山の登山口にある異界への入口のような，太陽に雲のかかった額を掲げた一の鳥居
左――一体この木どうなってるの？(右)
眼前をさえぎる国見山脈の向こうに九州横断のゴール，神崎鼻があるはず(左)

ここまで来たら、やはり神秘的な黒髪山を越えて行きたい。季節は紅葉の秋、巨岩奇岩のおもしろい山容が魅力的だし、千二百種が確認されたほど植物が豊かで、修験の山だから昔のままに守られている。高さはほどよく標高五一六メートル、山道もしっかり整備されていて、天気さえよければ登山というより、それこそ遠足気分で東から西に突っ切れそうだ。

出発を三間坂駅にするか上有田駅にするか悩む所だが、登山口に近い宿《しゅく》までの道のりは、大きな車道しかない上有田よりも、のん気な山付き道を歩く方がよさそうだ。バスを利用しても宿に停まる伊万里行きは三間坂駅しか通ってない。

徳蔵で曲がったら、眼前に黒髪山と青螺《せいら》山の稜線が現れた。朝霧で墨絵のように浮かび上がってとても美しい。あの山々に分け入って二本の足を頼りに乗り越えるのだと思うと心がわき立つ。その時、ハッと弁当を忘れたことに気づいた。弁当は遠足の楽しみの一つなのに、こんなこと初めて。フランスパンと挽きたてのコーヒーの粉は前夜リュックに入れたけど、カマンベールチーズ、厚切りハムが冷蔵庫の中。一気に気力が萎えてしまう。

だが、しかし、くじけてはいられない。九州最西端の神崎鼻までは是が非でも歩き通そうと奮い立つ。太陽に雲のかかった不思議な額を掲げた鳥居をくぐって聖域に踏み込むと、食べ物への執着が消えて、心に清々しさが満ちてくる。さすが修験の山の清浄作用。霞を食べる仙人の気分で頑張ろう。

山道は傾斜を嫌って右へ左へ距離が長い車道を突っ切る形で、アッという間に標高を稼ぐ。カザハヤ峠に出たら宮野の集落は遙か下。ここからしばらくは車道

をたどるしかない。先のカーブを曲がると対岸の岩肌に不動明王が見えた。

不動寺の前で若いハスキー犬を連れた定行俊一さん、キクエさん夫妻に出会う。

「以前から黒髪山はぜひ一度登ってみたかったんです。不動明王までの山道のあちこちに小さな石の仏様がいらして、つい神妙な気持ちになったわ。山に出かける時はいつもこの犬といっしょ。でも山頂付近の岩場はちょっとグリには無理だったようね。これから武雄温泉に寄って帰ります」

実は鳥居前の駐車場で先に登山道へ消えた二人の後ろ姿を見かけている。彼らは頂上近くまで登って下山している最中。私たちの足の遅さが恥ずかしい。

黒髪山への路傍には至る所に石仏が並ぶ。多いのが大日如来、観世音菩薩、千手観音、不動尊、弘法大師、三体組だったり、五体組だったり、大師一人だったり、さまざま。特に不動寺の裏から太鼓岩不動尊までは列になっている。

簡単に解説すれば、大日如来は宇宙と一体と考えられる密教の本尊、その光明が世の中をあまねく照らす。不動尊は大日如来が悪魔を降伏させるため憤り怒る相を現したもので、四方八方ににらみをきかすため、目や牙などが左右非対称が多い。弘法大師は平安初期の真言宗開祖、空海のこと。唐に留学する前に黒髪山で航海安全と学問成就を祈り、そして無事帰国した礼として不動尊を爪で刻んで、頂上近くに今もある西光密寺を開いたのだから因縁は深い。

不動寺の裏から石仏に見守られながら坂を上る。間近に寄ると岩に彫られた不動の巨大なこと。銀の剣と鏡が白日を白く反射する。眼下に上って来た車道がうねる。前面が西を見晴らす参拝台なので、そこで物足りない昼食をすませた。

左横を回り込んで出た先が洞窟のおこもり堂、前にはお百度参りの道もある。そばに不思議な木を発見。斜めに伸びた三本が融合してドームとなり、どこが根か幹か枝かわけがわからない。一帯はシイの木が多くて、複雑に幹を広げる形が何だか物言いたげ。秋なら殻付きの細長い実が落ちている。

下って西光密寺の境内。立派な構えだったようだが、往時のものは明治時代に一切が焼失したという。こんな上までよく運んで来たものだと感心するほど、どっしりした石の鳥居に名残を見る。寺の裏にY字路、左は黒髪山山頂へ、右は見返峠へ。頂は開けて大村湾、天山、国見山系と展望はすばらしい。しかし、三カ所のクサリ場を含む往復一時間を惜しんで、そのまま右の見返峠へ直行する。

一度右手が開けて、切り立った雄岩と雌岩の間から下界がのぞく。景観をよく見ようと身を乗り出したら、こちら側も断崖絶壁。背中に悪寒を覚えてあわてて引っ込む。もう後少しで十字路の見返峠だ。

峠前後の急な下りはかなり石がゴロゴロとして、ゆっくり下りなければ膝が笑う。それも山水を集めたせせらぎに沿い始めると歩きやすく、背の高い雑木林が清々しい。何度か流れを渡りながら、目印を見失わないように心して進む。右に

右 ── 見返峠から竜門ダムまでは雑木林の中を渓流に沿った九州自然歩道を歩く
左 ── 竜門ダムの北岸(左側)を周遊する

黒髪山＝くろかみざん
これは誰にでも読めるが，問題なのは誰の黒髪か。伊弉諾尊《いざなぎのみこと》の投げた白髪がここに落ちたから黒髪山になったとか，摩訶陀国《まかだこく》の髪が窟に納められているとか，弘法大師が剃髪を納めて祈願したとか，あるいは樹木がうっそうとして黒髪に似ているからとか。一体どれ。

国土地理院1／25000地形図＝有田，蔵宿
現地への交通手段
行き☞ＪＲ博多駅長崎本線特急→肥前山口駅，肥前山口駅佐世保線普通→三間坂駅
帰り☞松浦鉄道西有田駅→有田駅，ＪＲ有田駅特急→博多駅
問い合わせ先
松浦鉄道☎0955-42-6310，山内町役場産業課☎0954-45-2511，西有田町役場企画政策課☎0955-46-2111

急な坂を下って橋を渡ると、青々とした滝壺の横に無数の小石を積み上げた賽《さい》の河原があった。霊界に踏み込んだような異様な錯覚に襲われる。

賽の河原とは冥土《めいど》への三途《さんづ》の河原のことで、子どもの亡者《もうじゃ》が父母の供養のために石を積んで塔にしていると、鬼が来て壊してしまうので永遠に積みなおさなければならない。それを救うのが地蔵菩薩とか。暗すぎてはっきりとは輪郭がわからないけど深い洞窟の奥に五体の石像、どうもその中央が地蔵尊のようだ。

暗い森の中からうろこ雲の広がる青空の下へ飛び出す。振り返ると山の端に紅葉が美しい。その後だった。事情も話さないのに唐突におにぎりを恵んでもらった。

「今日は一カ月ぶりの休みだったので思いっきりドライブ。竜門峡にはもう何度も来てます、自然が満喫できるから。これ、よかったら食べてください、岐阜のおじさんが送ってきた米、お茶は家で摘んだ自家製です」と松下ちずえさん。そのおいしかったこと。「もうすぐ日が暮れるから駅まで車で送りましょうか」という甘い誘いを振りきって、遠足魂を貫徹する。後は夕暮れに映える竜門ダムを半分回り、ゆるやかな坂を西有田町へ下る。

熊本·田中城跡の磨崖仏

熊本·木野の切り通し

大分·奥畑川沿い

やさしく微笑む路傍の石仏

黙々と足を運んでいる時に、道端に笑みを浮かべた石仏があると、何だかほっと気が抜ける。「何をあくせく歩いているのか。もっとゆったり生きてはどうか」と、声をかけられたような気持ちになって立ち止まる。人が人らしく生きるのに必要なことはそんなに多くはない。人は人、私は私と見栄を捨てれば、自分がしたいことがはっきり見えてくる。石仏の顔はある意味では自分の顔なのかもしれない。今の心がその表情に反映する。

　そこが祀った人の理想郷で、理想の似姿なのだろうか。最近は石仏を見て、「自分だったらどんな所に、どんな仏を刻むだろう」と思いつつ眺めていることが多い。自分が刻みたいおだやかな顔、自分がいつまでもとどまりたい所を探して止まない。

　白山から緒方にかけての石仏の住まいはとてもいい。天井の傾斜も奥行きも身の丈に合って、これが方丈というのだろうかと妙に納得した。特に原尻近くの石室は顔を隠すように前に赤い布を垂らして奥ゆかしい。木野の切り通しにはびっくりした。ちょうど目の高さの位置がくりぬかれ、かなりの数の仏が並ぶ。下を迂回する車道ができたので、今ではここを通る人が稀なことが惜しまれる。

　九州を横断したお陰でいろんな地蔵に出

大分·伏野と天然橋の間

大分·原尻の滝の手前

佐賀·鳥海の六地蔵

佐賀・武雄の六体地蔵

佐賀・黒髪山の行者道

佐賀・福和の大師堂

合うことができた。おそらく、一番古いのが田中城跡の裏の磨崖仏《まがいぶつ》。室町末期、文明三（一四七一）年の刻字があるとか。地上五・五メートルの岩の中に七人の地蔵が一列に彫り出されている。中央が本地の閻魔《えんま》大王、右に鉢《はち》、如意《にょい》、幢幡《どうばん》、左に蓮華、宝珠、錫杖《しゃくじょう》の三体ずつの化現体が並ぶ。閻魔大王は方形の冠をつけ、両手に閻魔帳を持ち、短袴をはき、木履《ぼくり》を履いた道服で、六地蔵も同じ服装をしていて興味深い。

　もう一つが武雄の六体の地蔵尊で、地獄道、餓鬼道、畜生道、阿修羅道、人間道、天道とそれぞれが独立した形をとる。すぐ東の坂を下った広場に外来の閻魔石像がある。蓬萊山の項でも触れたように、秀吉の命で朝鮮へ出兵した軍船の重石として持ち帰ったもの。その隣にあったのが円筒形に背中合わせの六地蔵だ。有明海沿岸から佐賀平野の西の端まで、かなり広域にわたってこの合体した六地蔵を見かけた。姿だけは頭が丸く大きく、体がずんぐりむっくりで、昔話に出てくる等身大の地蔵に少し近くなる。歩いた地域では人の丈の地蔵にはまったく出合わなかった。

　平地の石仏は荷車に乗せて運んだのだろうと想像がつく。黒髪山に登ると無数の石仏が並ぶが、おそらく古いものは人の背で運んだもの。となるとその思いはもっと深いに違いない。御牧山の馬頭観音もそうだ。自分の体一つ踏ん張るだけでも滑りそうな急坂を、人はいったいどういう気持ちでこの石像を運び上げたのだろうか。

佐賀・甘久の六地蔵

佐賀・甘久の閻魔大王

福岡・御牧山の馬頭観音

立ちはだかる屏風山を越え西海へ

見上げればとてつもない山脈でも，
一歩一歩かせいでみれば
いつの間にか乗り越えてしまう。
九州横断ももうあと一歩。
最後の山を登って，最果ての西の海を見る。

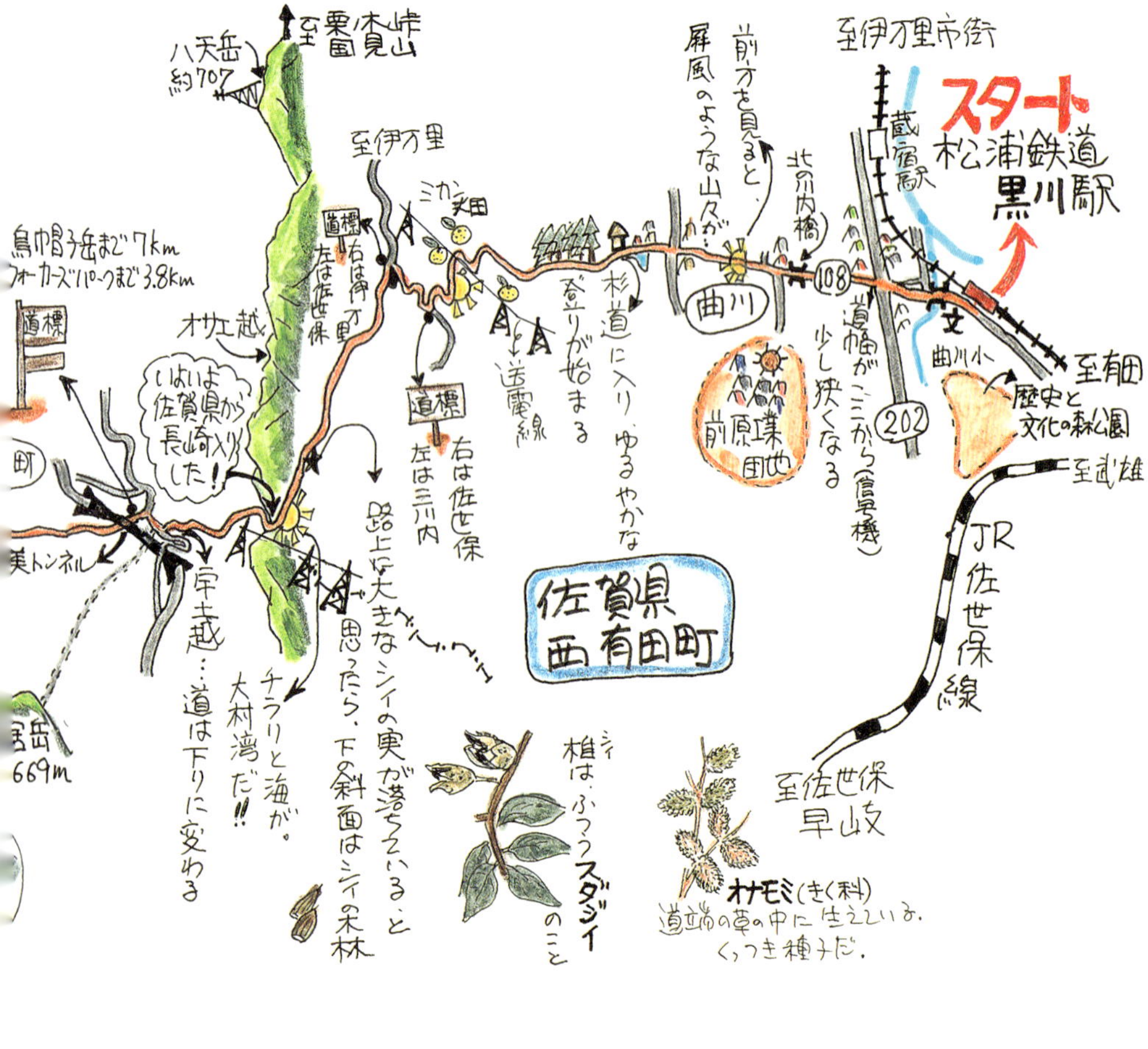

松浦鉄道黒川駅⇨120分⇨宇土越⇨35分⇨石ヶ倉⇨45分⇨黒髪カーネーション直売所⇨40分⇨えぼしスポーツの里⇨40分⇨田代町バス停＝およそ14キロ

国見山の山並に沿う中腹の道

歩いた道
アスファルト道
土径
ビューポイント
通過した集落
北
南
長崎県 佐世保市
ゴール
バス停 田代町
えっ?・行けないの?・と迷っていたら、『地元の人はバス停に行くのに、その山径を通るらしいよ』と傍らで運搬作業中の人から。ありがたい助け船。
行き止まり ここから……
個人の家
田代町
バス停
至佐世保市街 北佐世保駅
人工芝スキー場
トイレ 電話 自販機
スポーツの里
B.S スポーツの里入口
ここは直進すると個人宅に入るので注意。草に埋もれた土径が右手にあって、これを下れば車道。
15分ほど
烏帽子岳 568m
県立青少年の天地
道標
烏帽子町
B.S スポーツの里
左に大村湾、右に佐世保湾!! ついに西海だ。
道標
烏帽子岳
産廃処理場
満場越
B.S 満場越
B.S 津久谷
下宇戸
黒髪カーネーション直売所
黒髪町
川谷貯水池
ここから見下ろす川谷貯水池。
点々と紅葉した林
相浦谷 八十八ヵ所札所
石ヶ倉
至ウォーカーズパーク
大村湾

右──眼前に立ちはだかる国見山の山並を越えなければ，西の海には到達できない
左──こんな所にリンドウの花（右）カニのハサミのような突起で洋服にくっつくコセンダングサの種（左）

国見山と八天岳を結ぶ山脈を越えれば、いよいよ最終目的地の西海が見えるはず。黒髪山からの下りで眼前に立ちはだかった七〇〇メートル級の山脈をいかに楽して、しかも距離のロスなく越えることができるかと、ずいぶん地図を眺めて検討した。北から栗ノ木峠、オサエ越とあるが、一番南の宇土越が標高も低く、通る車が少なくて歩きやすそう。

有田から松浦鉄道に乗り継いで二つ目の黒川《くろごう》駅で下車。そのまま真西の山脈に向かって歩き出す。北川内の集落を抜けたら間もなくゆるやかな坂。駅辺りが標高五〇メートル、ジグザグの坂を上って佐世保方面と三川内方面へのT字路辺りが標高三〇〇メートル、ここと宇土越の峠との標高差は一五〇メートル程度、山脈に沿う形で南に延びた一・五キロの道が知らず知らずに距離をかせいでくれる。あの高みに登るんだと思いつめていた割には、意外に簡単に克服できた。

晩秋の遠足は草の種の観察が楽しみの一つ。この時も道端にいろいろ見つけた。例えば、コセンダングサ。ちょっとした草むらに入ると、この種がズボンにびっしりくっついて、取るのに苦労した経験は誰にもあるのではないだろうか。種の印象が強くて、キクのような花はあまり覚えてもらえない。漢名はそのものズバリ、鬼針草というそうだ。オナモミも同じキク科。茶色に枯れて堅くなった種を集め、友達の背中や胸に投げてくっつけ合いをしてはしゃいだ子供の頃を思い出す。戸外を歩けば、遊び道具はたくさん見つかる。

ここを歩いた思い出に、いくつかスミレの種をもらいたい。花がなくて葉の形だけで見分けるのは難しいが、十一月前後に放射状の細長い種をつけている。そ

れを少し採取して、早春に庭や植木鉢にまいてみよう。ほかにも野生のアサガオやヒルガオ、カラスウリ、アザミ、ムベなど、どれも街の花屋さんでは買えない健気な愛らしさを秘めているものだ。

等高線に沿って南南西に進み始めると、眼下に有田方向の風景が展開する。送電線の下で佐賀県と長崎県の県境をあっけなく越え、再び西に方向転換したら、やがて小さな切り通しの宇土越。里美トンネルの真上をかすめて、烏帽子岳の北までずっと標高四〇〇メートルの等高線に沿って高地を歩き継ぐ。

足で移動している場合、道をまちがえると三倍の距離をロスする。つまり、違えた距離、引き返す距離、正しく行き直した距離。すぐ気づけばいいのだが、親切な道標や道を尋ねる人に出会わなければ、大幅に進んでしまうこともしばしば。ただし登山道で迷うのとは異なって、そのまま突き進んでもどこかの集落にたどり着くだろうから、命の心配をするには及ばない。それでもやはり、自分が行きたい所にちゃんと着きたいのが人情だ。

歩き慣れてくると道読み術にだんだん長けてくる。道に迷わない方法は熟練あるのみ。貴重な経験と失敗を積み重ねて、自分のいる場所が的確に割り出せるようになる。方角、位置関係、距離感覚を、歩いた距離分だけ身につける。道に迷って同行者とああでもない、こうでもないと悩んだことが、後になって共有の大切な思い出にもなる。

いくつかチェックポイントを列記しておこう。遠足に行く時は必ず地図とコンパスを携帯すること。この本の絵地図をコピーして、国土地理院の二万五千分の

一の地形図とあわせ持てばいい。地形図は大型書店がそろえている。広範囲を描いた車のための道路地図は小さな道を省略しているので、歩くためにはほとんど役立たない。よく知っている土地でも、普段の車からの視線と歩く視線では見え方や距離感が違うから、念のために持って出かけたい。

方向音痴の自覚がある人は、曲がるたびにコンパスで方角を確認してみてはどうだろう。地図上の今いる場所にコンパスをのせて、道なりに地図を重ねてみる。コンパスの北と地図の北が合えば大旨まちがいなし。何回か繰り返せばそのうち勘が働くようになる。

地図上の道幅から実際の幅を割り出してみることも大切。例えば地形図では幅の広い二本線、細い二本線、

右 ── 宇土越から烏帽子岳まで，遙々と紅葉に染まって歩く
左 ── ヤマイモの蔓に三方向に帆を張ったおもしろい形の種とムカゴがいっしょになる
下 ── 道沿いずっとルビー色のフユイチゴが鈴なり

烏帽子岳＝えぼしだけ
烏帽子とは奈良時代以来，延々と成人男子が被り続けた帽子のこと。黒い漆で塗り固めたので，その色からカラスをイメージしたらしい。烏は中国で生まれた象形文字，読みはオ，ウ，エ，ヲなどと時代によって変わる。つまり日本でも最初はウボシ，オボシとまちまちだったものが，平安時代にエボシに定着したらしい。どんな山なのだろうと期待しながら近づいたが，その姿を見ないまま遠ざかった。

濃い黒の一本線、破線の表記で道のレベルが違う。幅の広い二本線は複数車線の幹線道路で、遠足では敬遠したい。歩いて気持ちいいのは細い二本線か黒の一本線で、どちらも舗装されている。もちろん破線の土道も利用したい。といっても、地形図がすべてだと思い込んではいけない。道路は日進月歩で造られているし、破線の草道は人が通らなくなったら自然消滅してしまう。地形図を買う時には最終修正年月日を確かめる。

農作業の支道を峠越などの主道と区別するには、その舗装状態を見比べることだ。アスファルト舗装とセメント舗装の違いはないか。舗装状態が連続してるか、継ぎ足しているか。タイヤ跡の交通量も参考になる。街道など昔からの幹線はあまり広くない。トラックやバスのない頃、馬

右 —— 満場越の峠を越したら遙か遠くに海のきらめき
下 —— なにげない小さな石橋だけど，大切に使ってきた昔の人の思いがこもる
左 —— 田代で乗ったバスの車窓から，ついに，九十九島が浮かぶ西海を目にする

や荷車が通れば充分だった頃に造ったわけだから、歩く人に有利に設計されている。勾配があってもできるだけ距離は短く、しっかり集落をつないで、風雨や日差しを緩和する樹木も多い。一般の道路標識は車のためと肝に銘じるように。目的の地名があっても距離的には遠回りになることがある。

宇土越の峠を越えた途端、気温が三、四度下がったようだ。午前中だったので西側はまだ太陽の熱を溜め込んでいないらしい。烏帽子岳への標識に導かれ、人も車も通っていない山付きの舗装道路をのんびり真西へ。道沿いには点々と真っ赤に熟れたフユイチゴがおいしそう。のどが渇くたびに摘んで口に頬張る。

右下に川谷貯水池の深緑の湖面が見え始める。周囲には人家さえなく、赤や黄に紅葉した自然だけが迫りくる。最後にダム堤を見せて池が消えると、今度は左に黒髪のカーネーション温室群。はて、ここも黒髪。黒髪山は佐賀、こっちは長崎だから混乱はないのか。それにしても、今度は誰の黒髪だろう。

左に曲がって二つ目の峠、満場越《まんばごえ》へ。越えると南側の遙か向こう、島影の間に鈍色の海がキラリと光った。と

うとう西の海にたどり着いた。朝日に輝く豊後水道を後にして十一カ月。やっぱり九州はとてつもなく巨大で、風土も人々の心も豊か。自分の歩幅で測ったら、本当にそれがよくわかる。

里美から見えたのは烏帽子岳ではなく、えぼしスポーツの里の人工芝のゲレンデだった。ここからは近すぎて山容は確かめられない。頂上への道を左に見て、右の田代に下る。樹木がおおう淋しい一本道。木材の切り出し作業場の先で門にぶつかり、その道も消えた。戸惑っていると、クレーンを操っていた人が草道を指し示す。

「田代に行くなら、右の細い山道を下ればいい。土地の人がバスに乗るのに近いと言ってたよ」。日暮れが迫り、道の行き止まりで途方に暮れていた時の救いの手、この一言がなければ引き返していたかも。それにしてもほとんど人に出会わなかった。心細い思いで十五分ほど下ったら、スポーツの里から大回りした車道に出た。

田代につないでバスに飛び乗る。バスが右へ左へカーブを切り始めたら目の前が開け、佐世保の街と南九十九島の浮かぶ海と、その先に延びる北松浦半島が淡い夕陽に溶けて霞む。

▶国土地理院1／25000地形図＝蔵宿，佐世保北部

▶現地への交通手段

行き☞ＪＲ博多駅長崎本線，佐世保線特急→有田駅，松浦鉄道有田駅→黒川駅

帰り☞市営バス田代町→佐世保駅前，ＪＲ佐世保駅特急→博多駅

▶問い合わせ先

松浦鉄道☎0955-42-6310，佐世保市営バス☎0956-25-5112，西有田町役場企画政策課☎0955-46-2111，佐世保市観光課☎0956-24-1111，えぼしスポーツの里☎0956-24-6669

沈む夕日を九州最西端で見送る

九十九島に沈む落日。
四国の向こうから昇る太陽を見た時から，
憧れ続けて延々と歩いて来た。
いつかは暮れる夕日，そしてまた昇る朝日。
1日1日がこんなにも感動的な
出来事だということを忘れている。

松浦鉄道小浦駅⇨70分⇨西川内橋⇨40分⇨竹田⇨80分⇨冷水岳⇨60分⇨矢岳⇨60分⇨神崎鼻⇨30分⇨神崎入口バス停＝およそ18キロ

神崎鼻の突端の落日

初冬の竹田川をさかのぼる。川の対岸には早春のシラウオ漁のための棚が並び，浅瀬ではシラサギが小魚を狙っている

いよいよ九州横断もゴールの神崎鼻にたどり着く。一年かけて歩きに歩いた二九〇キロ。人の一歩はたかだか三〇センチほどだが、思わず知らず九州の東の端から西の果てまで歩いてしまった。無事に完歩して、何でも「やれば、できる」と自信に満たされる。

ここは特に海に沈む太陽を眺めたいので快晴の日を選びたい。まずは小浦駅までローカル電車の旅を楽しむ。どうも九十九島には気さくな人が多いらしい。車中で二人が席を移ってまで話しかけてきたし、歩き始めの見返橋でも近所の人に呼び止められ長話が弾む。

「おたくたちの格好を見とったら、つい話しかけたくてサ。私も若い頃は九重によく登ったサ。今は脚が痛くて。ほんと、私もつんのて行きたかあ」と、電車の中の梅川好子さん。

「今建て替え工事中の見返橋は、もっと以前は竹の橋、その前は渡し船。JRも通っとったが、炭鉱が終《しま》えた頃にはなくなった。昔は炭鉱があちこちあったもんね。冷水《ひやみず》岳に登っと？　わあ、私もつんのて行きたかね。そんなら西川内《にしかわち》ちいう所のあっサ。石橋があって、そこから行きンさるっサ。私ね、夜明けに河川敷を散歩するんですよ。そん時、太陽に向かって『今日も一日無事でありますように、子や孫たちを見守ってください』って、これは私の太陽信仰。遠歩きもいっしょだけど、宇宙からエネルギーをもらったら幸せじゃない」と、橋の上で会った谷中佳子さん。二人ともいっしょに歩きたいという根っからの遠足ファン。

ところで、北松浦郡で気になるのが免。道すがらも小浦免、黒石免、葛籠《つづら》免、

手前が広大な冷水岳公園，眼下に九十九島が大パノラマで展開する

田原免、西川内免、矢岳免、楠泊免と、広域をくくる地名すべてに免がつく。訓で読めば免れる。一体何から免除されたのだろうと気になってしかたがない。数年来の疑問に考えあぐねて電話で佐々町役場総務課の川崎さんに尋ねると、丁寧に郷土史を調べてくれた。

ここにその由来を紹介しよう。「国司や荘園領主に対して、土地の占有権を主張してきた小豪族や大家族の上層農は十二世紀頃には一年契約ではなく、引き続いて土地を耕す権利を持つようになり、その土地に自分の名をつけて何々名と呼ぶようになった。このような田を名田、農民を名主といった。旧平戸藩以外で何々名という地名は、名田に由来している。平戸藩ではミョウを訛ってメンといったことから『免』の字を当てている。免は他県にも各地に点在しており、これは年貢の免除地を表すといわれる。このことを意識して『免』の当て字をしたのであろう。江戸以後の文献に『免』の字が見当たる」。結局、税免れの願望で、残念ながら実際の免除ではなさそう。

冬場だからなのか、すっかり干上がった長田池を右上に見て、真新しい立派な車道を田原に向かう。小佐々町の来訪者に対する思いやりとして、要所要所のバス停にきれいに掃除された公衆トイレが併設され、戸外を遠歩きする身には本当にありがたい。

少し開けて右が水田になると、左の葦原の先に、現代の幹線道路に交差する形で石橋が架かる。これが西川内の太鼓橋。鏡のように凪いだ小佐々浦をつなぐ明るい色の石組みの優美さにほれぼれ。ひょっとしたら田原の小学校のそばの橋を

渡ってすぐ川沿いに下れば、この太鼓橋に通じる昔の生活道につながっていたのかもしれない。今は通る人とてない草むした長い土手道が、入江の海水を左右に割ってのどかな過去へ誘っている。

ほんの少し引き返して竹田川をさかのぼる。川縁にシラウオをすくう仕掛けが点々と連なる。川面に目を凝らすと魚群が銀色にひるがえり、シラサギも数羽で小魚を狙う。

竹田の集落の一番奥に冷水岳へ直接つながる車道があった。手前で左に曲がると夫婦岩の下を迂回しなければたどり着けない。

「分かれ道に来たら、とにかく左へ左へ行けばいい。家一軒ないから迷わんように」と竹田で道を尋ねたおばあさんは、心配そうにY字の分かれ道まで見送って来た。

途中で左に折れてアスファルト舗装の林道竹田岳ノ木場線へ、間もなく数メートルおきに黒い継ぎ目のある簡易セメント舗装の白っぽい道が左手に上る。両方から草がしだれかかって通る人も少なそう。突然、イノシシに脅かされそうな心細さ。

右 ── 架かる場所も，その姿も優雅な西川内の太鼓橋
上 ── 冷水岳へ向かうスカイラインは気持ちいい

神崎鼻＝こうざきばな

佐賀の神埼素麺が有名だから，近県の人はつい「かんざきばな」と言ってしまう。神は音で「シン」,「ジン」，訓で「かみ」,「こう」,「かん」と５種類読める。偏は祭りの対象であることを表し，右側の申という字は雷の稲妻からつくられた文字で，古代中国人が雷を天神と考え，振動する音から「シン」と読んだことに由来する。雷鳴が轟き，神が降り立つ岬なのだろうか。

山頂に電波塔が見えてなぜかホッと胸をなで下ろす。兄弟岩の絶壁越しに海が広がる頃、広い車道に突き当たる。やがて大観山への道が右に分かれている。ここまで来ればしめたもの。後は見晴らしのいいスカイラインが冷水岳へ迷うことなく導いてくれる。

冷水岳展望台からの九十九島の眺めは最高。標高は三二三メートルとそう高くはないのだが、最西端にそびえる山なので、南九十九島も北九十九島も眼下に納まる。九十九島とはたくさんの島という意味で、実際には佐世保港から平戸瀬戸までの二五キロの間にある大小約百七十の島々を指す。この海域の島密度は日本一で、平戸諸島、五島列島などの外洋性多島海を加え、西海国立公園に指定されている。

冷水岳公園は広大な面積、子供の遊び場やトイレ、特に植栽されたツツジは四万本を数え、四、五月は花見客で賑わうとか。「日本本土最西端訪問証明書」は小佐々《こさざ》の町役場か、ここのふるさと物産館で作ってくれる。もちろん物産館には小佐々町の特産品もそろっている。

西に沈み始めた太陽の進み具合とにらめっこで矢岳へ下る。矢岳から神崎《こうざき》入口までは路線バスも通る幹線道路の端の歩道を行く。帰りに乗るバス停の位置をしっかり確認して岬へ。最初の入り口は神崎の集落を抜けて、深く切れ込んだ入江をぐるっと大回りして神崎鼻へ、次の鋭角の道は直線でつなぐから、距離にすると半分強ぐらいですむ。ただし、遠回りしても昭和五年に造られたゴシック様式の白亜の神崎天主堂があるので、苦労は充分に報われる。神崎はイリコの生産が盛んな土地柄、よっぽど水揚げがいいのか、あちこちにイリコ御殿が建つ。入江の南縁を突端まで、防波堤を越えると広い広い海原が迫る。

引き潮だったら目線の低い岩礁から最西端の碑に向かいたい。絶壁の上の広場の真ん中に据えられた最東端の柱とは異なって、最西端のモニュメントは高波を被りそうな九州本土の端の端にある。台座に腰掛けて巡り巡って再び冷たくなった潮風に吹かれ、長かった道のりを思い出しながら暮れなずむ落日を見送った。

右――日本本土最西端の碑（東経129°33′18″，北緯33°12′51″）の前で九州横断ゴールの落日を見送った
上――小佐々町が発行する「日本本土最西端訪問証明書」

▶国土地理院１／25000地形図＝佐世保北部，楠泊
▶現地への交通手段
行き☞ＪＲ博多駅長崎本線，佐世保線特急→佐世保駅，松浦鉄道佐世保駅→小浦駅
帰り☞西肥バス神崎入口→佐世保駅前（1時間1本），ＪＲ佐世保駅特急→博多駅
▶問い合わせ先
松浦鉄道☎0956-25-2229，西肥バス☎0956-23-2121，冷水岳ふるさと物産館☎0956-69-3255，小佐々タクシー☎0956-69-2552，佐々町役場産業経済課☎0956-62-2101，小佐々町役場産業振興課☎0956-41-3111

太陽と道連れで歩く

遠足は太陽と道連れで出かけたい。理想をいえば日の出とともに出発し、日没の頃にはバス停や駅に到着しよう。夕方、道に迷ったりすると太陽がどんどん傾いていくようで、愉しい遠足気分が一気に不安へと変わってしまう。余裕を持って行動できるように、日の出、日の入りの時刻は事前に調べておきたい。

太陽と地球の関係は毎日少しずつずれる。冬と夏ではかなりの差が生じて、例えば日の出も一月と七月では二時間以上は違う。

当日の日の出、日の入りの時刻を、事前に調べる簡単な方法は新聞朝刊の「あすのこよみ」欄。九州内の移動程度ならば、ほとんど問題ない。

詳しく現地の時刻を知りたい場合は、インターネットで「海上保安庁水路部天文・測地観測所」のホームページ（http://www1.kaiho.mlit.go.jp/KOHO/）を開く。例えば長崎県の神崎鼻の位置、北緯33度12、東経129度30を入力すれば、正確な時刻を出してくれる。東京の日の出、日の入り時刻を記した『天文手帳』（地人書館）を参考に計算して現地の時刻を割り出してもいい。

2002年	鶴御崎の日の出時刻	神崎鼻の日の入り時刻
1月1日	7時14分	17時26分
2月1日	7時07分	17時53分
3月1日	6時40分	18時19分
4月1日	6時00分	18時42分
5月1日	5時25分	19時04分
6月1日	5時04分	19時26分
7月1日	5時06分	19時35分
8月1日	5時24分	19時22分
9月1日	5時45分	18時48分
10月1日	6時05分	18時08分
11月1日	6時29分	17時31分
12月1日	6時55分	17時15分

あとがき

神崎鼻で夕陽を見送った直後から、この本の制作に取りかかり、写真の整理や絵地図の描き直し、原稿の書き換えで二カ月ほど室内での作業が続く。ふと気づくと冬が過ぎ去って、やわらかい陽差しがガラス越しに誘いかけている。「机にしがみついてばかりじゃ、遠足の本は完成できないよね。仕上げは気持ちのいい風と光でパパッと味つけしなくちゃ」と二人の間で意見がまとまり、筑後川を大石から田主丸まで下った。

まだ二月だというのに、芽吹き立ちで細い茎だったけれども、すでに黄色いナノハナが咲き始めている。その間をモンシロチョウがたった一匹、ひらりひらりと風に舞う。無数のヒバリとシギとセキレイが声の限りに春を呼ぶ。もちろん梅は満開、甘い香りを漂わせる。青緑に透けて悠々と流れる筑後川を基調に早春の交響楽が奏でられていた。

この九州横断で歩いた道のりは、地球規模でいえばわずか二度半の経度だけれども、太陽といっしょに四季を追って自分の足で里山を歩いてみると、その多様性には驚かされる。人の接し方や話ぶりが違う。集落の構成や屋敷の形が違う。田畑の仕切り方や耕作するものが違う。間の取り方や時の流れ方が違う。光の量、聞こえる音、漂う匂いが違う。さまざまな差異を目の当たりにするたびに机上の視野の狭さを思い知った。

遠足の第一の目的は歩くこと。人が歩かなくなったために、最近どうも足の骨が退化しているらしい。土踏まずが平らになって体重が支えきれないなど、唯一、二本足で立ち上がった人間の名折れではないだろうか。それに足を動かさなければ、体全体の三分の二が集中する下半身の筋肉が萎縮し、血液や消化を停滞させて老化を早めるとか。頭ばかりを偏重してきた近年の志向が、それこそ足元から崩れ始めている。

そして第二に里山礼賛を加えたい。地についた足を見直すことは、必然的に里山への思いに結びついていった。飲み水、食べ物、呼吸する空気など、命を養う糧《かて》を送り出す場所としてもだ。私たちの命を支えているのは九州の大地。排気ガスで満たされ、電磁波が飛び交い、アスファルトやセメントで埋め尽くされた都市部ではなさそうな気がする。その証に遠足で里山を歩いている時に花粉症の症状が出ることはないのに、帰りの電車やバスに乗った途端にひどくなる。

＊

この『九州の東の端から西の果てまで　里山遠足』は、スポーツニッポン西部版に二〇〇一年の一月から十二月まで一年間にわたって連載した「九州横断大遠足」に加筆し、編集したものです。現地取材を応援し続けてくださった西部本社編集局報道部部長の中島泉さんにこの場で改めて感謝します。また、遠足先で出会った方々、問い合わせに応え、資料を提供していただいた地元の方々にお礼申し上げます。

そして最後に、『おとなの遠足』、『ちょっと遠くへおとなの遠足』に引き続き、この『里山遠足』の出版を快く引き受けてくださった海鳥社の西俊明さん、原稿を美しく割り付けて編集してくれた杉本雅子さんに、重ねて心より感謝いたします。

二〇〇二年四月

勝瀬志保
竜田清子

九州《きゅうしゅう》の東《ひがし》の端《はし》から西《にし》の果《は》てまで

里山遠足《さとやまえんそく》

■

2002年5月1日　第1刷発行

■

著者　勝瀬志保《かつせしほ》　竜田清子《たつたきよこ》

発行者　西　俊明

発行所　有限会社海鳥社

〒810-0074　福岡市中央区大手門3丁目6番13号

電話092(771)0132　FAX092(771)2546

印刷・製本　有限会社九州コンピュータ印刷

ISBN 4-87415-384-4

http://www.kaichosha-f.co.jp

[定価は表紙カバーに表示]